めざせ！
保育士・幼稚園教諭

久保田慶一　渡辺行野

音楽力向上でキャリアアップ

Stylenote

はじめに

　本書は、将来、保育園[注1]の先生になりたい、あるいは幼稚園の先生になりたいと考えている、中学生から大学生までの読者を想定して書かれています。また、すでに先生になっている方のスキルアップにも役立つ内容となっています。保育園や幼稚園の先生（正式には、前者は保育士[注2]、後者は幼稚園教諭といいます）に将来なって、乳幼児[注3]の保育や教育を仕事にしたいと思っている人のための本です。

　保育園や幼稚園で働くためには、保育士の資格や幼稚園教諭免許が必要です[注4]。こうした資格や免許を取得するためには、学科試験の他に、実技試験があります。特に、音楽表現に関する実技試験がありますので、保育園や幼稚園で働くためにはピアノが弾けて、さらに自分でピアノ伴奏を弾きながら歌ったりするという技能も修得しなくてはなりません。

　ひょっとすると、どうして保育園や幼稚園で働くのに、こうした音楽の技能を修得しなくてはならないのかという疑問をもたれる方も、おられるかもしれません。特に、これまでピアノを習ったことがない人は、「ピアノの実技試験なんかなければいいのに」と思うかもしれません。

　しかし乳幼児を対象にした保育園での保育や幼稚園での教育に、どうして音楽が欠かせないのかを理解できれば、ピアノの練習も必要だと感じてもらえるでしょう。

　本書は、保育士や幼稚園教諭になりたい方、そしてそのために音楽を学ぶ人のために書かれていますが、子どもだけでなく、人間が成長していくために、なぜ音楽教育が必要なのかについても、考えるきっかけを与えてくれると思います。またこうしたことを理解することで、乳幼児の教育問題が、なぜ昨今の国会議員選挙や政治の争点になり、マスコミでも大きく取り上げられるのか、その背景や理由もわかってくると思います。

　「一人前の大人になるための教育は小学校からはじめればよいもので、乳幼児の保育や教育はそれほど重要な仕事ではない。乳幼児が好きな人がやっていればいいのだ」と思っている人は、あまりいないと思います。そ

うまでは思わなくても、乳幼児をめぐる問題を理解しないで、保育園の保育士や幼稚園の先生になる勉強をしても、また運よくそのような職業に就いたとしても、自分の仕事の意味を社会とのつながりで理解することはできないでしょう。そして、自分の職業人生もあまり豊かなものにならないかもしれません。

　本書で乳幼児の教育の重要性を理解し、さらに乳幼児の教育現場での音楽教育の大切さを意識することで、自分の職業を意味づけることができ、保育園の保育士や幼稚園の先生になるための学修は、より有意義なものになるでしょう。本書を教育の大切さを意識するきっかけとしてもらえたなら幸いです。

久保田 慶一

注1：正式には「保育所」である。
注2：広く保母と呼ばれるのは、女性保育士を指す。
注3：乳児とは生まれてから1歳未満の赤ちゃんを指す。これに対して幼児は、満1歳から小学校入学までの子どもである。
注4：保育園は「児童福祉法」に従って設置された「児童福祉施設」で、厚生労働省が管轄している。保育士は国家資格である。これに対して、幼稚園は「学校教育法」に従って設置された「学校」のひとつで、文部科学省が管轄している。そのために幼稚園教諭になるには、教員免許を取得しなくてはならない。

　保育園では0歳から小学校入学まで、幼稚園では満3歳から小学校入学までの子どもが対象となる。そのために保育園では就学前の教育はおこなえないのだが、実際に保育園と幼稚園でおこなわれている保育や教育は似ていることや、ふたつの省が管轄している弊害から、保育園と幼稚園の双方の機能をもつ施設として、都道府県知事が認定する「幼保連携型認定こども園」、通称「認定こども園」が2006年に設置された。

　詳しいことは、本書第8章と第9章を参照してもらいたい。

もくじ

はじめに……………………………………………………………………………2

序　　章・7

第 1 章　幼児教育と音楽・10

どうしてピアノを練習しなくてはいけないの？……………………………10
「人間はなぜ歌うのか？」…………………………………………………11
音楽活動は非認知的能力を育てる……………………………………13
幼児教育に音楽が必要とされる理由……………………………………14
まとめ………………………………………………………………………15

第 2 章　人と音・音楽の深いつながり・16

日常にある音・音楽……………………………………………………16
人と音・音楽の関わり……………………………………………………18
声から音楽へ……………………………………………………………19
楽器音から音楽へ………………………………………………………20
音・音楽と身体…………………………………………………………21
身体を大切にした音・音楽との関わり…………………………………22
仲間とともに音楽する：個々の身体を超えて………………………24
まとめ………………………………………………………………………25

第 3 章　楽譜の読み方・27

楽譜の理解の必要性……………………………………………………27
楽譜に必要な最低条件…………………………………………………28
音の長さを示す…………………………………………………………28
音の高さを示す…………………………………………………………30
拍子を示す………………………………………………………………32
テンポを示す……………………………………………………………34
一時的に音を上げ下げする……………………………………………35
調を示す…………………………………………………………………36
コードネームについて…………………………………………………38
まとめ………………………………………………………………………39

第 **4** 章　楽しく歌ってみよう！・40

声とは···40
のどのしくみ···41
歌うときの姿勢···42
声は身体のどこを使って出せばよいか·····································45
おなかの支え···47
腹式呼吸の練習をする···47
インナーマッスルを意識する···49
ロングトーン···50
歌ってみよう···51
レガート、スタッカートで···52
響きを感じる···53
声を響かせる···54
フレーズを考えよう···57
自分の声を聴いてみよう···59
言葉と口の形···60
まとめ···62

第 **5** 章　楽しくピアノを弾いてみよう！・63

ピアノを弾くとは？···63
座り方について···64
手の構え方と指の置き方···66
打鍵（タッチ）の仕方···68
指使い···69
指をまたぐ、またはくぐらせる···71
ペダルの使い方···73
まとめ···76

第 **6** 章　弾き歌いへのチャレンジ・78

弾き歌いはどうして必要なの？···78
練習の方法（１）　メロディーを歌う·····································81
練習の方法（２）　伴奏を片手ずつ弾く···································83
練習の方法（３）　歌いながら伴奏を弾く·································84
練習の方法（４）　弾き歌いをする·······································85
弾き歌いで気をつけること——音の存在を大切に感じること·················87
弾き歌いの上達のために心がけておくこと·································88
子どもの前での自分をイメージする·······································89
歌の種類とその特徴···91

実際に活用する場面で······95
弾き歌いの可能性······97
まとめ······99

第7章 現代日本における幼児教育の課題・100

待機児童の問題······100
幼児の貧困問題······101
保育士不足······104
幼児教育の公的支援の必要性······107
「幼児教育の経済学」······108
まとめ······110

第8章 新しくなる幼児教育・111

多様な幼児教育······111
2017年は幼児教育の転換年······114
幼稚園での教育······115
幼稚園で育まれる資質・能力······117
ねらい及び内容······118
幼児期の終わりまでに育ってほしい姿······120
豊かな感性と表現······121
まとめ······122

第9章 資格・免許をもって働く・123

資格と免許······123
保育士資格······124
幼稚園教諭免許······125
資格・免許をもって働く······125
新しい幼稚園教諭養成······126
職業を通したライフサイクル······127
まとめ······129

最終章 めざせ！ 保育士・幼稚園教諭・130

さいごに······133
参考文献······134

序　章

久保田　慶一

この本は、将来、保育園や幼稚園、さらに近年では認定こども園で、先生になって働きたいという夢を描いている中高生あるいはすでに大学や短期大学、専門学校などで勉強をしている人たちのために書かれています。もちろん、すでに保育士や幼稚園教諭として働いている方にも、大いに参考となるはずです。そして特に、保育士や幼稚園教諭という職業と音楽との関係に焦点を当てて、話をしています。

保育士や幼稚園教諭に将来なりたいと思っている人たちのなかには、幼いころからピアノや電子オルガンを学んでいて、その技能を活かせる職業として、保育園や幼稚園の先生という職業を選択している人もいると思います。他方で、子どもが大好きで幼児教育に関わる仕事がしたくて、そのために「仕方なく」音楽の勉強、具体的には、ピアノ、歌唱、弾き歌いを、大学や短期大学、専門学校などに入ってから勉強しているという人もいるでしょう。

日本の義務教育では、小学校と中学校では音楽教科がありますので、すべての人が中学３年生までは音楽の授業を受けています。高校になると芸術教科として音楽や美術などを選択しています。しかし高校までの音楽授業で学習した内容だけでは、保育士や幼稚園教諭にはなることができないでしょう。ですから、大学や短期大学、専門学校などに入学してから、音楽の実技の授業を履修しなくてはならないのです。もちろん音楽だけでなく、美術や国語に関することがらも学修

保育園の児童を預かり保育する人のことを保育士、幼稚園やこども園で幼児教育に携わる人のことを教師または教諭という。本書で単に「先生」または「保育者」と書いてある場合は、保育士、幼稚園教諭を総称している。

しなくてはなりませんが、こうした音楽以外の領域について
は、ここでは詳しくお話しすることはありません。

　この章では、保育士や幼稚園教諭になりたいと思って、「仕
方なく」音楽を勉強している方に、どうして保育園や幼稚園
の先生はピアノや弾き歌いができないといけないのか、ある
いは、どうして幼児に音楽経験をさせる必要があるのかにつ
いて、考えてみたいと思います。

　これらふたつの問いかけについては、学問的な研究が多く
なされていて、大学や短期大学、専門学校などで保育士や幼
稚園教諭の資格や免許を取るための授業でも、研究の成果が
紹介されるでしょう。しかし授業は、幼児期には音楽教育が
必要であることを前提に進められますし、またこの前提を理
解しているから、大学や短期大学、専門学校などに入学して、
授業科目を履修しているのだと、教員のほうは考えているも
のです。しかし学生のほうは、「仕方なく」、「ただ科目にある
から」という理由から履修していないでしょうか。

　人は新生児として生まれ、やがて声を使ってコミュニケー
ションをします。泣き声であったり、笑い声であったり、そ
して発語であったり、発話であったりします。文字でもって
コミュニケーションができるようになるのは、4〜5歳になっ
てからです。あとで述べるように、母親の胎内にいるときに
も音楽を聴いていますので、人と音との関係は、人と光との
関係に比べて、より根源的で原始的であるといえるでしょう。
聴覚は、触覚、味覚、嗅覚に近く、それぞれの刺激は人の身
体や心にも、より直接的に作用するものといえるでしょう。
人と人との親密度も、視覚よりも聴覚、聴覚より触覚という
順に、より親密度を深めていきます。

　新生児から幼児にかけて、子どもは外界との接触を通して、
世界を広げ、同時に、人とのつながりや社会を経験していき
ます。そのためには、子どもどうしでいっしょに遊ぶことが
大切といえるでしょう。この遊びを形づくるものが、いっしょ
に踊ったり、歌ったりするという「遊戯」なのです。

　合唱と呼べるような段階には至らないかもしれませんが、
多くの子どもたちが同時に、同じ言葉を、同じように息をし

て歌います。この「息」が「生き」につながるのは偶然では
ないでしょう。「息を吹き返す」は蘇生することであり、「息
を引き取る」ことは死を意味します。いっしょに歌い、踊る
ことで、そこに集う人たちが共に生きていることを、実感で
きるのです。

　人間は社会的な生きものですから、一人では生きていけま
せん。それは太古の時代から変わらないのではないでしょう
か。人が生きていくためには、コミュニケーションが不可欠
です。こうしたコミュニケーションを幼児期から経験してお
くことが、その後の成長や発達に有効であることは、いうま
でもないでしょう。

　だったら、CD を聴かせておけばいいのではないの？　とい
われる方もおられるかもしれません。保育園や幼稚園にピア
ノがなかったり、ピアノの弾ける人がいなかったりした場合
には、それも仕方ないかもしれません。しかし保育者が、子
どもたちのテンポに合わせて、あるいは、声の高さに合わせ
て伴奏してあげられれば、どんなにいいでしょう。子どもた
ちと保育者も、同じ言葉を歌い、同じように「息」をし「生き」
を共有できるからです。

　小学校や中学校でクラス合唱をして、クラスの人たちの心
がひとつになったという経験をしたという人も多いでしょう。
伴奏は CD でしたか？　もしそうだったら、ちょっと寂しい
ですね。きっと音楽科の先生やピアノが得意な児童・生徒が
伴奏を担当していたのではないでしょうか。

　もしあなたが、保育園や幼稚園のときに歌ったり楽器を演
奏したりすることで、楽しかったと感じる思い出をもってお
られるのなら、ぜひとも、ご自身で歌の伴奏ができるように
なってください。またそのような経験がない方は、大学や短
期大学、専門学校などで、合唱や合奏を経験して、その楽し
さを経験してもらいたいものです。

第 1 章　幼児教育と音楽

久保田　慶一

どうしてピアノを練習しなくてはいけないの？

　幼児教育ではどれかひとつの「柱」や「領域」が突出するのではなく、バランスよく教育することが大切です。これはまた保育者がバランスよく、必要な資質・能力を修得しておく必要があることを意味します。

　保育者がもつべき資質や修得しておくべき能力には、いろいろなものがありますが、特に求められる能力のひとつとして、音楽の実技、とりわけ、ピアノ演奏、歌唱、そして弾き歌いがあります。それはどうしてでしょうか。図画・工作や美術なら、絵の才能のあるなしはあるかもしれませんが、多くの人が比較的容易に体験し、学ぶ機会があると考えられます。しかしピアノや歌、特にピアノは楽器が家にないと練習できませんし、それなりの訓練が必要となります。

　新しい「幼稚園教育要領」では、「3つの柱」のひとつである「思考力・判断力・表現力等」のなかに、「表現」が位置づけられ、「幼児期の終わりまでに育ってほしい姿」のひとつにも、「豊かな感性と表現」が示されています。さらに5つの領域のひとつである「表現」では、ねらいと内容において、具体的に、「音」「音楽」「歌」「リズム楽器」といった音楽に直接関係する言葉が並んだだけでなく、その他にも、色や形、

「柱」や「領域」
➡本書の第8章を参照。

幼稚園教育要領

　学校教育法に従って、幼稚園及び認定こども園における教育内容や指導方法について、文部科学省が定めた基準。小学校や中学校などの学習指導要領に相当する。第1章「総則」、第2章「ねらい及び内容」、第3章「指導計画及び教育課程に係る教育時間の終了後等に行う教育活動などの留意事項」の3章からなる。

第1章　幼児教育と音楽

言葉、動きなどによる表現を通して、自分のイメージを表現したり、演じて遊んだりすることの重要性も、指摘されています。また新しい「保育所保育指針」でも、保育士になる人には、「表現」の領域での技能の修得が同じように求められています。

保育士や幼稚園教諭になるために、ピアノが弾けて、弾き歌いができないといけないのは、「幼児教育に子どもたちの音楽活動が必要」だからだともいえるでしょう。

> **保育所保育指針**
> 厚生労働省が保育所における保育の内容や運営について定めた基準。文部科学省が定める幼稚園教育要領に相当する。保育所は指導福祉法に定められた「児童福祉施設」であり、担当するのは「保育士」である。

「人間はなぜ歌うのか？」

2017年に、ジョーゼフ・ジョルダーニアというジョージア（グルジア）出身の音楽民族学者が書いた『人間はなぜ歌うのか？』（2017年、アルク出版企画）という本の翻訳書が出版されました。著者は「序」のなかでこう述べています。「『人はなぜ歌うのか』という疑問は、人類の進化の過程における最大の謎の一つである。（中略）……最も重要な新しい疑問、まさに本書が答えようとしている疑問は、人間が歌ったり、音楽を聴いたりするとき、生存上の危機に直面したときにだけ活性化する人間の脳の最も古い層が、なぜ活性化するのかという点である。」

詳しいことを知りたい方は、この本を読んでもらう他ないわけですが、この質問にすでに答えが隠されているように思われます。つまり、人間にとって歌ったり、音楽を聴いたりすることは、人間が絵を描いたり、言葉を使ったりする以前に獲得していた能力で、しかも人間の生存のためには必要であった、つまり、進化の過程で獲得した能力であるということでしょう。ジョルダーニアは、こう結論づけています。

> （新しいモデルによれば、）集団歌唱は原人が肉体的に生き残るために重要な要素であり、われわれ祖先を捕食獣から守る中心的な手段、また《屍肉食対決》を通して食物を獲得するための主要な手段であった。われわれの祖

> **ジョーゼフ・ジョルダーニア**
> （1954 −）
> 1954年、ジョージア共和国に生まれる。世界の諸民族の音楽、特に合唱と人の進化との関連を研究している。本書は2006年にインターネットで公開され、2009年に「小泉文夫音楽賞」を受賞した。現在、オーストラリアのメルボルン大学の研究員などを務める。

> **参考書籍**
> 人間はなぜ歌うのか？
> ——人類の進化における「うた」の起源
> ジョーゼフ・ジョルダーニア 著、森田 稔 翻訳
> アルク出版企画、2017年

先を戦闘トランスに導き、個々の人間のあいだに目には
見えない強力な精神的ネットワークを創り出し、彼ら全
員を一つの集団的超個性へと変身させ、共通の利益のた
めに宗教的な献身へと導いたのは、集団の歌唱と大音量
のリズミカルなドラミング、そして激しい身体運動であっ
た。

　人類の祖先は合唱することで、気持ちをひとつにして、猛
獣に向かう闘争心を維持したのです。こうすることで、ライ
オンにすら打ち勝つことができたわけです。ここで興味深い
ことは、ジョルダーニアは音楽の起源に近いのは、一人で歌
うことではなく、合唱——といってもいつもきれいなハーモ
ニーというわけではなく、各人が出しやすい音域で歌った
——であると主張している点です。
　合唱するのは人間だけです。安全な樹上での生活から危険
なサバンナに降りて、地上で生活をするようになった人類が、
声を合わせることで、危険の到来を仲間に知らせ、また襲っ
てくる猛獣に立ち向かう勇気を皆で奮い立たせ、生きながら
えてきたのです。そして獲物を獲得してその喜びを共有する
ときにも、喜びの声を皆で上げたのはいうまでもありません。

音楽活動は非認知的能力を育てる

　このような主張を聞くと、なるほど学校の合唱コンクールで、クラス全員が一丸となって声を出すことで、コンクールでの勝敗に関わらず、みんなが仲良くなれた理由がわかるような気がします。

　合唱ではみんなが同じ歌詞を歌い、呼吸も同じタイミングにしなくてはなりません。日常生活で、大勢の人間が同じ言葉を発し、同じように呼吸することはありません。合唱することで、いっしょに生きているという気持ちを共有できることは、すでに述べたとおりです。

　ここで、「幼稚園教育要領」に出てくる「幼稚園教育において育みたい資質・能力」及び「幼児期の終わりまでに育ってほしい姿」を、紹介しておきたいと思います。

　そこでは、「心情、意欲、態度が育つ中で、よりよい生活を営もうとする『学びに向かう力、人間性等』」といった資質・能力、さらに「協同性」「道徳性・規範意識の芽生え」「社会生活との関わり」「言葉による伝え合い」など、子どもたちが互いに理解し合い、協同してひとつのことを成し遂げる姿が、幼稚園教育の目標とされています。こうした資質・能力や姿の修得を促進する方法として、合唱や合奏などの音楽活動が効果的であることは明らかです。そして保育園や幼稚園の先生自らが合唱の伴奏をし、大きな声で歌って子どもたちを先導することで、教室内での音楽活動はいっそう楽しく、生き生きとしたものになるに違いありません。

　こうした資質・能力や態度が、最近『幼児教育の経済学』という本で話題となったアメリカの教育学者ジェームズ・ヘックマン氏（詳しくは、本書の第7章を参照してください）が就学前教育での修得が必要であるとしている「忍耐力、協調性、計画力といった非認知的能力」、さらにアメリカの教育学者であるハワード・ガードナーが唱えた「多重知能理論」に対応していることは、確かです。後者は、人間の知能はひとつの指標だけで計ることはできず、8つの知能から構成されてい

非認知的能力

　計算力や文章読解力などによって測られる知能、つまり知能テストで計測される知能ではなく、向上心、持続力、やる気、自己表現力など知能テストでは測ることのできない心の力を指す。前者は知能指数（IQ=Intelligence Quotient）と呼ばれるのに対して、後者の心の知能指数（EQ=Emotional Intelligence Quotient）と呼ばれることがある。

ハワード・ガードナー
（1943 −）

　アメリカの心理学者・教育学者で、1980年代に提唱した「多重知能理論」が有名。

多重知能理論

　人間の知能は知能指数のような単一の尺度で測れるものではなく、8つの知能から構成されていると考える理論のこと。8つの知能とは、言語的知能、論理数学的知能、音楽的知能、身体運動的知能、空間的知能、対人的知能、内省的知能、博物的知能の8つである。

ると主張した考え方です。それら8つの知能とは、「言語的知能」「論理数学的知能」「音楽的知能」「身体運動的知能」「空間的知能」「対人的知能」「内省的知能」「博物学的知能」です。

　ここでは詳しく述べる余裕はありませんが、人間の知能が、IQとなって判定される「言語的知能」や「論理数学的知能」だけはなく、「心の知能指数」や「非認知的能力」などにも近い、複数の知能から構成されているという視点は、幼児教育の在り方を考えるうえでも、とても示唆的であるといえるでしょう。これまで当たり前と思われてきた考え方を変えてしまう画期的な考え方だといっても、過言ではないでしょう。

幼児教育に音楽が必要とされる理由

　さて、保育士や幼稚園教諭になるために、音楽に関する知識や技能が必要である理由を、読者の皆さんにはわかっていただけたでしょうか。もちろん、無藤隆氏が指摘されている

無藤隆（1946-）
幼児教育学の専門家。お茶の水大学で教鞭を執ったのち、2005年白梅学園大学の設立時に学長となる。

ように、「保育者として必要な資質・能力を身に付けた上で、そういった専門分野・得意分野をもつことも大切です。」(無藤隆・監修：幼稚園教育要領　ハンドブック、学習研究社2017年)

　これまでにピアノなどを長く習ってきた人は、すでに修得した能力をもとに、音楽に関する知識や技能をさらにレベルアップさせればよいでしょう。また、大学や短期大学、専門学校などではじめて本格的にピアノや声楽を習いはじめた人は、最低限の知識や技能を身につけ、そしてそれぞれを専門分野・得意分野にしていってもらいたいものです。

　さらに、専門分野・得意分野が2つ、3つあるというのも、いいかもしれませんね。もちろん、すべての分野に通じるということはとても大変ですし、誰にでもできるわけではありません。しかし、だからこそ「目的養成」が必要であり、その成果が資格・免許として認められ、「名称独占資格」になっているわけです。努力のしがいがあるといえるのではないでしょうか。

まとめ

　子どもたちは無邪気に声を合わせて歌っていますが、こうした体験が、人間そして社会人として成長するうえで、とても大切なことであることが、わかっていただけたでしょうか。CDをかけて合唱や遊戯をするのではなく、先生がピアノで伴奏してあげることができれば、子どもたちの呼吸や動きに合わせて、伴奏の音楽のスピードを調節してあげられますね。またいっしょに歌ってあげられると、本当に子どもたちと息を合わせて歌うことができます。子どもたちと今、ここに生きているという実感を、双方でもちたいものです。

参考書籍

**幼稚園教育要領ハンドブック
――イラストたっぷり　やさしく読み解く**

無藤隆著
学研教育みらい、2017年

目的養成

　医師や教員など特定の職業を養成するための教育課程を編成しておこなう教育を、目的養成という。

名称独占資格

　資格をもっていないと肩書などに使用できない資格のこと。法律によって定められた国家資格や公的資格で、介護士、管理栄養士、保育士などがある。もっとも当該の資格がなくても業務には従事できる。これに対して資格そのものがないと業務ができない資格は「業務独占資格」と呼ばれる。医師、看護師、行政書士などがある。

第2章　人と音・音楽の深いつながり

渡辺　行野

　本格的にピアノや歌をはじめる前に、ここではまず心構え
あるいは予備知識をお伝えします。これから先、幼児教育の
現場で壁に突き当たったときに、ここに書かれていることを
思い出してもらえれば、きっと突破口が見つかるでしょう。

日常にある音・音楽

　皆さんは、自然のなかで聞こえてくる「音」を、意識して
感じたことはありますか？　たとえば、木々の葉っぱが風に
吹かれてざわめく音や、鳥のさえずり、虫の鳴き声などです。
自然のなかから聞こえてくるこうした音が、季節によって違
うのも、四季が感じられる日本ならではですね。春はウグイ
スのさえずり、夏は蝉の声、秋はコオロギやマツムシといっ
た虫の声などに、私たちは季節の移り変わりを感じることが
できます。

　私たちが日常で耳にする音は、このような「自然音」だけ
ではありません。街頭に出れば、自動車や電車の音、信号の
補助音など、さまざまな「人工音」に囲まれています。大都
会では自然音はかき消されていますし、人々は騒々しい人工
音をイヤホンで遮断して、自分の好きな音楽を聴いています。

　またショップやカフェではいつもBGMが流されています。
こうした音楽はもはや「聴く」という音楽ではなく、家具や

室内装飾のように、意識せずとも「聞こえてくる」音楽といえるでしょう。しかしコーヒーを飲んでくつろいでいるときに、「緊急地震速報」や「Ｊアラート」の音が聞こえてくるときもあります。このような警報音は必ず聞かなくてはならない音ですね。このような音は「危険が迫っている」というメッセージを伝えているからです。

　このように、私たちの日常生活ではさまざまな音を「聞いたり」、あるいは「聴いたり」します。一般的に「聞く」は無意識的に聞こえてくる場合、「聴く」は意識的に「聴く」場合に用いられ、ふたつの漢字は、人と音や音楽との関係を区別しています。最初に、「『音』を、意識して感じたことはありますか？」と書きました。意識して感じるということは「聴く」です。周りから多くの音が聞こえてきますが、そのなかから意識して音を聴き出せば、人にとって意味のある音になります。警報音などは、無意識的な「聞く」から意識的な「聴く」へと、瞬間的に変化する例といえるでしょう。あるいは、BGM で流されている音楽で、自分の好きな音楽が「聞こえて」くると、思わず「聴き入って」しまうのも、同じことですね。

> **緊急地震速報**
> 　地震が発生するとその地震波を解析して、瞬時に多くの人に地震の発生や揺れの到達を知らせるもの。大きな揺れが予想される場合は、テレビやラジオ、公共機関などで警報音などが鳴らされることがある。テレビやラジオで聴くことの多い緊急地震速報を知らせるチャイムは、伊福部昭作曲《シンフォニア・タプカーラ》第３楽章から、人間が一番聴き取りやすいとされる音域にある５つの音を使って作成された。子どもから高齢者まで、誰でもはっきり認識できる音が選ばれているという。たとえ揺れていなくても、このチャイムを耳にするとドキッとするという人も多いだろう。

　私たちの周りには音や音楽があふれていますが、人が音や音楽に意識を向けるときにはじめて、音や音楽は私たちに何かを伝え、語りかけ、意味あるものになるのです。

　音楽の先生として活動していこうとする人は、ぜひとも、人と音や音楽との関わり合いについて、考えてみてください。騒々しい雑音になるのか、美しい音になるのかは、音を受け取る人の意識次第ですから、音や音楽に対する意識、すなわち感性を洗練させていくことが、とても人切なのです。

人と音・音楽の関わり

　ここでは、まず「音」について考えてみましょう。人が話すときの声や歌うときの声、あるいはピアノやヴァイオリンなどの楽器から出る音など、音はまず発せられる方法によって区別されますが、ここで取り上げるのは、こうした区別以前の「音」そのものです。

　音は物体が振動して、空気や水などを通して、人の耳という聴覚器官に伝わります。そしてこの振動を人の脳は「音」として認知します。騒音はこの振動が不規則な音です。これに対して、声や楽器の音は「周期的」に振動しています。つまり、物が周期的に振動することで、音には「高さ」という性質が加わるのです。

　物体の振動、伝達、知覚・認知という3つの段階がないと、人に聞こえる音にはなりません。ひとつでも欠けると、音は存在しません。真空では音は伝わりませんし、聴覚の器官や神経が損傷していては、音を感じることができません。

　人の胎児は、お母さんのおなかのなかで、音や音楽を感じているといいます。お母さんが聴いているのと同じ音や音楽の振動が、お母さんのおなかや子宮内の羊水を通して、胎児の耳に聞こえているのです。胎児の眼はまだ見えませんので、胎児にとっては音や音楽（の振動）が、生まれる前の外界との最初のつながりになります。モーツァルトの音楽をお母さんが聴くことで、胎児の成長が促されるという「胎教」も決して根拠がないわけではないのです。

> **音の3要素**
> 音の3要素とは、「高さ」「大きさ」「音色」である。音は物体の振動によって生じるが、振動の回数（速さ）が「高さ」を、振動の大きさ、つまり振幅が「大きさ」を、振動の仕方（波形）が「音色」を決める。この他に、音の長さも重要な要素となる。

> **胎教**
> 胎内教育の略。母親が胎内にいる胎児を教育すること。実際には、妊婦が音楽などを聴くことで精神的に安定するだけでなく、音や音楽は振動によって伝わることから、母親の皮膚や羊水を通しても胎児に音楽あるいはその振動が伝わっていることが、近年、実験でも確かめられている。胎児が最初に経験するのが聴覚による音の振動であるという事実は、音楽が人の心に与える影響を考えるうえでも、忘れることはできないであろう。

第2章　人と音・音楽の深いつながり

　こうして人は胎児のときから音や音楽を聞いていますが、誕生してからはお母さんやお父さんの声を聞きながら育っていきます。次第に周りの音にも反応して、手や足を動かしたりするようになります。赤ちゃんは言葉が話せなくても、人の声をまねして、歌や言葉を習得していきます。ときに、可愛らしい声で、なんだか歌のようにして声を発することもあります。また声を出して感情を表現することもありますね。

　保育や幼児教育の現場で、保育士や幼稚園教諭は、生まれてまだ間もない子どもと接するわけですから、皆さんは、ぜひとも、赤ちゃんや幼児の音に対する反応や音による表現に、細やかな対応ができるようになってもらいたいものです。

声から音楽へ

　人は生まれたときから、声という音を使って、自分の存在を知らせ、自分の気持ちを表現します。まだ言葉をもたなかった大昔の人類は、赤ちゃんと同じように、声を出して、仲間と連絡を取ったり、さらに自分の気持ちを伝えたりしていたといわれます。

　感情を表す声が、ある種の共通記号として意味をもち、泣いたり、叫んだり、笑ったり、怒りや恐れ、喜びや悲しみといった「喜怒哀楽」の感情を表現するようになるわけです。たとえば、男たちが危険な狩りに出かける前には、恐怖を沈め、いっしょに行く人たちの気持ちを高めて、心をひとつにするために、声を合わせたでしょう。また獲物を得たときには、女たちや子どもたちもその喜びの気持ちを、声を合わせて表現したに違いありません。

　こうした感情を表現した声から、歌が生まれ、言葉が使用されるようになったことは、容易に想像できます。声は吸い込んだ息を吐き出しながら声帯を振動させて出す音ですので、そこには緊張したり、リラックスしたりしている身体や心の状態が影響を与えます。私たちが話し声や歌声を聞いて、相手の人が緊張しているのかどうかや、どのような気持ちになっ

19

ているのかを想像できるのも、このためです。こうした素朴な感情表現の声に、声の高さや速さが微妙に変化して、「歌」と呼べるような旋律が生まれるのです。

　このように、音楽と人の身体や心の状態は密接に関係しているわけです。このような音楽と身体の関係を、「音楽の身体性」と呼ぶことがあります。ここでいう「身体」には、物理的な身体だけでなく、心理的側面も関わっていることは、忘れないでください。身体と精神を分けて考えることはできません。私たちも身体の調子が悪いと、気分が憂鬱になったりしますし、風邪をひいていても、うれしいことがあると、いつのまにか風邪が治ってしまったという経験をした人もいるかもしれません。

> **音楽の身体性**
> 　声を出したり楽器を演奏したりする場合、われわれは身体の一部を使っている。そのために旋律の動きやリズムには、身体の動きが影響を与え、反映される。たとえば、同じ音が速いスピードで反復される場合、バチや指の連続した動きを想像するであろう。またピアノを練習したことがある人は、ピアノの演奏を聴いただけで、自分の指が動くのを想像できるだろう。このような現象を「音楽の身体性」と呼んでいる。

楽器音から音楽へ

　人は昔から道具を使って、さまざまな仕事をしました。声を使って自分の気持ちを表現するときに、手持ちの道具を使って、音を出したりしたでしょう。リーダーが棒で板を叩いて、それに合わせて仲間たちが声を合わせるというようなことも、あったでしょう。

　こうした身近にある道具から、楽器が誕生します。私たちが今日使用している楽器を思い出してください。電子楽器は別として、ヴァイオリンやフルートなど、オーケストラで使用する楽器は、すべて自然の産物でつくられてきています。たとえば、ヴァイオリンの本体や弓は木でできています。そして弓の毛は馬の尻尾の毛で、弦は羊の腸を乾燥させて糸状にしたものです。フルートは木の筒ですし、ホルンは牛や鹿の角でできていました。

　こうして楽器が誕生し、人は楽器の伴奏で歌を歌い、また楽器だけで音楽を奏でるようになりました。最初は声と声、あるいは声と楽器は、同じ高さの音を出していま

角笛　　　　　（Wikipedia より CC BY-SA 3.0）

第2章　人と音・音楽の深いつながり

したが、やがて美しく響き合う音があることに気がつきます。
そうして、美しいハーモニーが生まれたわけです。

　楽器だけで演奏しても、そこには声がもっていた感情をも
表現することができました。ピアノやフルートなどが奏でる
メロディーを聴いて、楽しい気持ちになりついつい口ずさん
でしまったり、理由もわからずに悲しい気持ちになってしまっ
たりするのも、私たちが楽器から出る音や音楽を、声や歌の
ように聴いているからなのです。

> **美しいハーモニー**
> 　2つの音が同時に響くとき、最も協和するのは、高さが同じ音である。次に協和するのは、オクターブの関係にある音で、ちょうど男性と女性で斉唱すると、このオクターブの関係になる。小さな子どもが自分の出しやすい高さの音で歌う場合は、協和することはない。今日でも法事などで、複数の僧侶が読経する場合も、同じような響きとなる。

音・音楽と身体

　人は音を聞いて反応したり、音楽を聴いて心が揺さぶられ
たり、あるいはそれに合わせて身体を動かしたりします。ま
たその反対に、人は音や音楽を通して、心の状態を表現したり、
なんらかのメッセージを伝えたりします。つまり、人と音や
音楽は相互に関係し合っていて、心と身体が一体であるのと
同じように、人と音や音楽の関係も一心同体であるのです。

　皆さんは、音を聴（聞）いて身体が揺れたり、無意識に動
いたりしたことはありませんか。たとえば、リズミカルな音
楽が流れているときに、知らず知らずのうちに身体がリズム
を刻んでいたり、あるいは、静かな場面で突然音が聞こえて
ビクッとした経験を、誰しも一度はしたことがあるのではな
いでしょうか。特に子どもは、音楽が流れると自然に手足や
首を揺らしながら、身体をリズミカルに動かしたりします。
また曲によっては喜んだり、笑い出したり、元気よく踊り出
したりします。そのような反応を見ていると、やはり子ども
の心と身体は、音や音楽と常に関わり合っているように感じ
ます。つまり、人の身体というものは、もともと、音や音楽
にごく自然に反応するようになっているといえるでしょう。

　また子どもたちは、好きな歌を大きな声で、周囲の仲間た
ちと歌いますね。楽しい歌詞には元気いっぱいに、悲しい歌
詞には寂し気な声で歌うこともできます。振りつけやさまざ
まな動作をつけて歌うこともできます。子どもたちは、音や

21

音楽を身体を通して表現することを楽しんでいます。そしてみんなといっしょに、同じタイミングで踊ったり、ときには一人ひとりの表現が違ったりしながらも、みんなで歌ったりすることで、「みんなと合わせる」ことを経験していきます。周囲との声の重なりを感じたり、一体感を抱いたりすることで、楽しい気持ちも増していくようです。

身体を大切にした音・音楽との関わり

　子どもの時期に、音や音楽との出会いを多く用意してあげることが大切であることは、もうおわかりですね。音や音楽を「聴く」ことを大切にしていくという経験を通して、子どもはさらに音や音楽に合わせて身体を動かし、心の変化を感じ取る力を身につけ、あるいは反対に、心の変化に合わせて、身体を動かしながら歌ったりすることができるようになります。そのために保育士や幼稚園教諭には、子どもたちが音や音楽と身体との一体感が保てるように、常に子どもたちに意識的に関わっていくことが求められます。

　また身体表現以外にも、身近にある音素材との関わりから、音や楽器との新たなつながりを引き出すことができます。たとえばおもちゃを何かに当てて鳴らしてみたり、近くにある紐やゴムなどに興味をもって、引っ張ったり、引っ掻いたりして鳴らしてみたり、他にも、もともとある楽器ではない、身近なモノに対して自らが発見して、なでたり、押したり、息を入れたりすることで、子どもたちは、楽器を発見し、それを演奏していくステップにつなげていきます。またその音素材を工夫して鳴らしていくことによって生まれる音楽が、創作のはじまりにもなっていきます。あらゆるものを通して音や音楽と関わるという経験や体験が、子どもたちにとってとても貴重なものとなっていくわけなのです。

　子どもといっしょになって、歌を歌ったり、身振りや手振りをつけたりという活動をすることがあります。そのようなとき保育者は、フレーズの動きを身体で表してあげたり、リ

> **音素材**
> 　生活のなかで使用しているモノや身近にある道具など、身の回りにあるすべてのモノを利用することで音をつくり出すことができる。
> 　たとえば、お菓子の箱やゼリーの空パック、割りばしや空き缶なども、叩いたり吹いたりしてさまざまな音をつくり出す音遊びの材料（音素材）にすることができる。

第2章　人と音・音楽の深いつながり

ズミカルな部分では身体を活発に揺らしたり、レガートの際には、身体全体を大きく使ってなめらかに動かしたりして、子どもに音楽の雰囲気を伝えてあげることが大切です。子どもの歌がどんなにシンプルな楽曲であっても、その音楽の素材や構造を表情で伝えたり、音楽の感情や歌詞の意味を身体で表現しながら伝えたりしてあげることで、子どもは、その音楽と身体の動きから、音や身体による表現を感じていくことができます。子どもたちと接していく保育士や幼稚園教諭は、このような音楽と接する場面を生み出していくことが大事なのです。

　まずは、身近な音への興味関心をもち、音色や強弱、リズムの揺れや音の重なり、音とイメージを重ねる活動を取り入れていくとよいでしょう。幼児期に音楽の基本的な理解ができていると、その後の発達において、想像的、創造的な表現へと自然と導かれていくことでしょう。

　たとえば、絵本の読み聞かせやわらべうた、手遊びなどから発展させ、動き（ジェスチャー）に合わせて言葉を重ねたり、歩いたり駆けたりするような場面では、その刻みのリズムやや音の跳躍を感じるスキップやギャロップに合わせた音楽が必要です。発達段階に応じて、音楽的な要素（言葉のリズムや音）で遊びながら、運動感覚を刺激しつつ、音楽を経験させてあげられるとよいでしょう。他にも、音へのイメージを考えさせ、そのイメージを子どもたちに自由に表現させることも、子どもたちの良い学びを生んでいきます。

　子どもたちは、身体を通して、音楽のしくみや特徴に気づき、音楽への理解を深めていくことによって、音や音楽のさまざまな意味を徐々に感じ取れるようになります。そして先生が音楽的な意味を理解していることによって、子どもたちの学びはより広く、深くなっていくのです。

仲間とともに音楽する：個々の身体を超えて

　人々が音楽を共有することで、仲間やコミュニティとの結びつきが強まることは、先ほど触れました。中学校や高等学校で、合唱祭を通して、クラスの仲間と気持ちがひとつになった、もしくは一体感を感じたという経験をした人も多いでしょう。子どもたちも仲間とともに歌を歌ったり、音に合わせて歩いたりすることで、気持ちがひとつになり、親密度を高めていくことができます。

　また最近では、音楽経験が赤ちゃんや子どもの、音楽以外の発達にも影響を及ぼすことがわかってきています。周りの仲間や人々と音楽を共有することが、発達段階の初期状況にある赤ちゃんや子どもの積極性や能動性、社会性の発達に、大きな影響を与えるといわれています。

　音や音楽が、生活を支えるコミュニケーションツールでもあると同時に、身体そのものと関連しており、生きていることそのものであることを、生活のなかで再認識してください。子どもたちは、人と触れ合うことで、「音とは何か」「音楽とは何か」を習得していくのです。

　しかし、子どもたちの興味・関心・意欲を維持するのはとても難しく、身の回りにいる親や保育士、幼稚園教諭の気持ちや態度、子どもたちの教育環境などが、常に多大な影響を与え続けるでしょう。保育士や幼稚園教諭をめざそうとしている皆さんには、まず自分自身が身体全体を使って、自身を表現していけるようになってください。そのためには、頭だけではなく、音や音楽を感じ、周りの人々ともそれらを共有して、自分自身のすべての内面を表出できるようになってほしいものです。そうすることが、子どもたちにも音楽の魅力を伝える早道であるといえるでしょう。

まとめ

　まだ言葉が話せない幼児は、「アー」とか「ウー」とか唱えます。そして少し大きくなってくると、「ねぇねぇ、見て！」「これはね、……みたい」など、私たち大人や身の回りにいる人の手を引っ張りながら、何かを伝えようとします。しゃぼん玉をしているときに《しゃぼん玉》の歌を、チューリップの花を見ているときに《チューリップ》の歌をと、情景と歌が一致して無意識に歌を歌い出すことがあります。皆さんもそのような経験はありませんか？　これらの行動は、人やモノと関わりを持とうとしている行動であり、さらにいえば、自分自身の意思や感情を表そうとしている行動なのです。これこそが、表現のはじまりです。

　皆さんのように、これから幼児と関わろうとする人たちは、子どもたち一人ひとりの発想や思い、その表現を大切にしていくことが求められます。子どもたちの生活のなかには、日々、いろいろな発見やいろいろな出会いがあります。その一つひとつの出来事が子どもたちにとって大切な刺激であり、その刺激は経験として積み重なっていきます。お花を見て、「わぁ、きれい！」と心が揺れ動いたり、空を見て、「なんて透き通った青だろう！」と、はじめてのものを見て感動したりする、このような感動体験が子どもたちにはとても大切です。

　ときには、遊んでいたら、急に大きな虫が飛んできて、「わっ」とびっくりしたり、怖くて急に涙が出てきてしまったり、嫌なことがあってため息が出たりなどしますが、このようなことも、自分自身がモノとの関わりのなかで、自然に反応したことの表出であるわけです。

　こうしたたくさんの刺激や反応、そしていろいろなことの体験が活かされて、徐々に自分自身の表現力となり、自己表現へとつながっていくのです。最終的には、自分の意思や感情、考えを誰かに伝えたい、誰かに向けて自分自身の内面を意識的に伝えたいといったさまざまな表現になっていくわけです。ですから、幼児のころの、心の内から湧き出るような、たく

さんの感動体験が大切になってくるのです。

　子どもの学習のはじまりは、身の回りにあるものからはじまりますが、それはさまざまな環境の変化に気づくことからはじまります。子どもにとって、生活や遊びはとても大切な学びのはじまりです。自分の身の回りの環境と出会うこと、先生や仲間と関わること、その関わりのなかでは、その人やモノを見つめたり、触ったり、匂いをかいだり、言葉を交わしたりします。そして、同じ時間を同じ空間で過ごすこと、その時間の積み重ねや、やりとりのなかから多くの楽しみを感じ、いろいろな出会いや関わりを楽しんでいくことになります。

　子どもは遊びや活動を楽しむという経験のなかから、徐々に物事のしくみや本質がわかるようになってきて、楽しい・面白いと思うようになっていきます。この繰り返しから、実はいろいろなことを子どもながらに学び、その経験を深めつつ、成長していっているのです。私たちの学びも基本的には同じように思いますが、とりわけ子どもの学びは、いろいろな出会いからはじまり、楽しみ、理解し、深める、という連続的な体験・経験から深化されていくといえるでしょう。遊びから学ぶことと、これまで見てきたような、自然にある音、感情を表現した声、さらに声楽や器楽といった、さまざまな音や音楽を通して、楽しみながら学ぶことが大切なのです。

> **身の回りのことから学ぶ**
> 　子どもたちは、身近な身の回りにあるモノや、子どもたちを取り巻く環境のなかにあるものとの出会いや遊びなどから、さまざまなことを学んでいく。遊びのなかにも、モノとのやりとり、人との関わり、自分の世界へと発展する刺激がたくさんある。

第**3**章　楽譜の読み方

久保田　慶一

楽譜の理解の必要性

　音楽へのファースト・ステップとして、まず楽譜のしくみとその読み方について、説明しておきましょう。保育者に求められる音楽技能は、歌唱、ピアノ演奏、そして弾き歌いの3つです。第4〜6章でこれら3種の音楽技能について説明しますが、どうしても楽譜での説明が必要となります。その意味でも、最初に楽譜を理解しておくことが大切です。

　最近の若い人たちは楽譜を読まずに、耳で聴いてそれをまねて覚えていくという「耳コピ」が得意です。これも音楽のレパートリーを増やしていくのには、有効な手段なのかもしれません。しかし実際にそのために音楽を何回も聴くには、環境や時間が必要となります。そのために修得できるレパートリーの数もおのずと限界があります。

　楽譜を読めると、ほとんど無限にレパートリーを増やしていくことができ、あなたの音楽の世界も無限に広がっていくでしょう。

楽譜に必要な最低条件

　皆さんがたとえば、《ちょうちょう》という童謡を歌うとします。そのとき、音の何が定まれば、友だちといっしょに歌うことができるでしょうか。（譜例が本書の第58頁に掲載されています。）
　答えは、音の長さと高さのふたつです。合唱するのであれば、拍子と歌う速さ、つまりテンポが決まればいいわけです。これら4つについて、以下で説明していきましょう。

音の長さを示す

　これから歌ったりピアノで演奏したりするときに、何の音であるのかを示すのが、音符です。基本的な形は、図のように、符頭、符尾、符鈎の3つの部分からなります。そしてこの3つの部分の組み合わせで、音の長さを決めることができます。

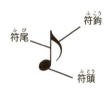

　基本となる音符の長さは「全音符 𝅝」です。この半分の長さが「2分音符 𝅗𝅥」で、符尾をつけて表します。符尾の方向は上向き、下向き、どちらでも可能です。
　この2分音符の符頭を黒塗りにしますと、「2分音符」の2分の1、全音符の4分の1の長さなります。これを「4分音符 ♩」といいます。
　そして4分音符に符鈎（旗ともいいます）をひとつつけると、さらに2分の1の長さ、つまり、全音符の8分の1の長さになります。これを「8分音符 ♪」と呼びます。

> **符尾の位置と符鈎の向き**
> 　上向きの場合も下向きの場合も、符尾の位置や符鈎の向きには決まりがある。
> 　上向きの符尾は符頭の右端に、下向きの符尾は符頭の左端に接するように書く。
> 　符鈎は、上向きの場合も下向きの場合も、符尾の右側に書く。

第3章　楽譜の読み方

　ここからは符鉤の数を2つ、3つと増やすことで、16分音符♬、32分音符♬と、どんどん短くしていくことができます。このように、楽譜で使用される音符は、2倍あるいは2分の1の関係になります。

○	全音符	1
♩	2分音符	$\frac{1}{2}$
♩	4分音符	$\frac{1}{4}$
♪	8分音符	$\frac{1}{8}$
♬	16分音符	$\frac{1}{16}$
♬	32分音符	$\frac{1}{32}$
♬	64分音符	$\frac{1}{64}$

　音符の長さを1.5倍にする場合には、符頭の右上あるいは右下に点をひとつつけます。たとえば、4分音符に点をひとつつけると「付点4分音符」となり、8分音符3つ分の長さになります。必ず、点は符頭の右側につけなくてはなりません。もし上や下につけてしまいますと、「音符を短くする」というスタッカート記号になってしまいます。

付点4分音符

♩. ＝ ♩ ＋ ♪

　点をふたつつけて「複付点音符」にすると、4分音符＋8分音符に、さらに8分音符の2分の1の長さの16分音符の長さが加わります。

複付点4分音符

♩.. ＝ ♩ ＋ ♪ ＋ ♬

4分音符を3分割したい場合には、8分音符を3つ書いて、これら3つの符頭をかぎかっこや円弧でくくって、「3」という数字を書きます。こうした音符を「3連符」と呼びます。

3連符

　ふたつの音符をひとつにする場合には、弧線でつなげます。この弧線を「タイ」と呼びます。複数の音をなめらかに演奏することを意味する、同じような弧線は「スラー」といいます。

音の高さを示す

　一定の長さをもった音符の形が決まりますと、次は音の高さを示す方法です。これには、五線譜と音部記号が必要になります。

　楽譜では一般に五線譜を使用します。ピアノでは右手と左手に対応させるために、五線譜を2段重ねた「大譜表」を用います。

音部記号には、一般的には、ト音記号、ヘ音記号、そしてハ音記号の3種類があります。よく使用するのは、最初のふたつです。これら音部記号は、記号の一部分でもって、音の高さを示します。

ト音記号では、中央のらせん状になっている書き出しの部分が、ピアノの鍵盤の中央のト音（一般的には「ソ」といいます）を示します。この書き出しの部分は五線のいずれにも交差させることができますが、一般的には、下から2番目の線と交差させます。つまり、下から2番目の線の上にある音符は、中央の「ド」のすぐ上の「ソ」を示します。

> **階名と音名**
>
> ふだんよく使われる「ドレミファソラシ」は、ラテン語に由来する。音階の最初の音が「ド」となる。これに対して「ハニホヘトイロ」はそれぞれの音に固有の名前である。前者は「階名」、後者は「音名」という。
>
> 実は日本では階名を音名として使用するので、「ドレミ……」と「ハニホ……」とは一致している。そのため、「ソ」を示す音部記号を「ト音記号」「ファ」を示す音部記号を「ヘ音記号」「ド」を示す音部記号を「ハ音記号」という。

ト音記号

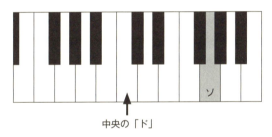

ヘ音記号は、右側の「：」の位置でもって、中央の「ド」のすぐ下の「ファ」を示します。

ヘ音記号

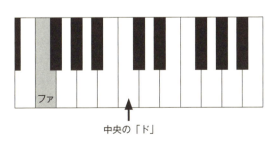

31

そしてハ音記号は、3のような記号の中央部分が、中央の「ド」を示します。

ハ音記号

中央の「ド」

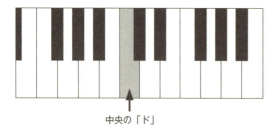
中央の「ド」

> **ハ音記号**
> 現代のピアノではこの音部記号をあまり使用しないが、その他の楽器ではよく使用される。特にヴィオラという弦楽器は通常この記号を使用するので、「ヴィオラ記号」と呼ばれることがある。
> Cを逆さにしたようなふたつの半丸が接する中央部分が、鍵盤中央の「ド」となる。この中央部分は基本的にいずれの譜線上にも置くことができ、特に決まった位置はない。五線の一番下の線に合わせて置けば「ソプラノ記号」、2番目の線だと「メゾソプラノ記号」、3番目の線だと「アルト記号」、4番目の線だと「テノール記号」、一番上の線に合わせて置けば「バリトン記号」と呼ばれたりする。

これら3つの音部記号が示す基準とする音は、ハ音記号が示す「ド」の音をはさんで、それぞれ上下に対称、すなわちそれぞれ上または下に5つ目の音になっています。

また第30頁に示した大譜表を見てください。ト音記号の段とヘ音記号の段の間、つまり、ハ音記号が示す「ド」の位置に、一本譜線を追加すると（これを「加線」といいます）、両方の音部記号で示される音が連続します。大譜表ではこのような音の並びが可能になり、ピアノなどの鍵盤楽器の音の並びとも視覚的に対応することから、大譜表が好んで用いられます。

拍子を示す

音部記号と並んで、上下にふたつの数字が並べられています。これが拍子記号です。下の数字は基本となる拍の音符、つまり全音符に対して何等分されているのかを表しています。

たとえば、「4」とあれば、全音符の4分の1に相当する4分音符が、基本となる拍です。そして上の数字は拍がいくつまとまって、1小節を構成しているのかを示しています。「4」とあれば、4つの4分音符が1小節を構成していることを表します。

> **拍子**
> 手拍子を一定の速さで均等に打つと、拍が生じる。「心拍」や「脈拍」のように、厳密には均等ではないが、拍は一様に進行する。次に、どこかの拍だけを強く打つと、たとえば、3つごとに拍を強く打つと、3つの拍がひとグループになって聞こえる。このまとまりを「拍節」という。「季節」や「節句」のように、一定の間隔で現れるのが「節」である。拍子というのは、どのような長さの音符が拍節というグループをつくっているかを示す。ちなみに、強くする拍を一定の間隔ではなく、変化させることもできる。これを「変拍子」と呼ぶ。

第 3 章　楽譜の読み方

　拍子記号のふたつの数字の間に譜線が入りますので、分数のように見えてしまいますが、分数ではありませんので、注意してください。

　この他にも、2/4 とあれば「4 分の 2（しぶんのに）」と読み、1 小節に 4 分音符が 2 つ入ることを意味します。3/4 なら「4 分の 3（しぶんのさん）」となり、4 分音符が 3 つ入ります。そして 4/4 であれば「しぶんのし」と読みます。「しぶんのよん」とは読まないように注意してください。1 小節に 4 分音符が 4 つ入ります。この 4/4 拍子を表すのに「𝄴」という記号を用いることもあります。これを「シー」という人がいますが、この記号はアルファベットの C ではなく、歴史的には半丸に由来します。ですから「𝄴」と書かれてあっても、「しぶんのし」と読んでもかまいません。英語では「コモン・タイム common time（「普通拍子」という意味）」といいます。英語の音楽辞典でも、「𝄴」が common の頭文字ではないという注意書きがされていることもあります。

　今は 4 分音符が基本となる例を示しましたが、2 分音符、8 分音符、16 分音符が基本となる場合もあります。また、2 分音符が基本となる 2 分の 2 拍子は「𝄵」という記号で表されることも多く、「𝄵」は「アッラ・ブレーヴェ alla breve」といいます。

> **アッラ・ブレーヴェ**
> 　アッラは「〜のように」、ブレーヴェは「ブレーヴィス」のことで、2 分音符を意味する。つまり、アッラ・ブレーヴェは 2 分音符を単位にして拍子を取りなさいという意味である。これは拍の取り方の問題なのだが、結果的にテンポが速くなることが多かったことから、アッラ・ブレーヴェがテンポを速くするという意味だと思う人がいるが、これは間違いなので注意が必要である。

　音符のまとまりをはっきりと示す役割をしているのが、小節線です。一般的に、小節線の右隣、つまり小節の最初の音が、他の音よりも強く歌われたり、演奏されたりします。これによって音符のまとまりもよりはっきりとします。

33

テンポを示す

　これで音の高さと長さが決まりました。今度はどのような速さ（テンポ）で歌ったり、演奏したりするかですね。テンポを示す方法には、ふたつあります。

　ひとつは、速度標語と呼ばれる言葉をつけて、おおよそのテンポや雰囲気を示すやり方です。一般的によく使用される標語としては、速いテンポの場合には、速い順に「Presto（プレスト）」「Allegro（アレグロ）」「Allegretto（アレグレット）」があります。そして遅いテンポの場合には、遅い順に「Lento（レント）」「Largo（ラルゴ）」「Antante（アンダンテ）」などがあります。しかしこうした標語が示すテンポは、おおよその速さで、相対的な関係を示すものでしかありません。

　もうひとつの方法は、メトロノーム記号と呼ばれているものです。基本となる音符（１拍）の絶対的な長さを、１分間の拍数によって示す方法です。たとえば、♩＝60 と書いてあれば、４分音符♩ひとつが、１分間に60回数えられる速さですから、４分音符の長さは１秒になります。これですと、音符の長さやテンポを絶対的に示すことができます。

> **速度標語**
> 楽曲のテンポを示す言葉で、主にイタリア語が使われる。
> 　本文に挙げた速度標語は標準的なものである。ここに、「molto（モルト、とても）」「moderato（モデラート、中庸に）」「poco（ポコ、少しだけ）」といった副詞を添えて、速度をさらに段階づけることができる。

> **メトロノーム記号**
> 　メトロノームは一定の速度でテンポを刻むことのできる機器のことである。機器そのものは19世紀初頭にオランダで開発されたが、名称はメルツェルという人物による。メトロノーム記号を使って自作品のテンポを示した最初の作曲家はベートーヴェンであるといわれている。

　ここで興味深いことは、同じ４分音符であっても、テンポが異なれば、音符の絶対的な長さも異なるということです。当たり前のようですが、よく忘れ去られている事実ですので、覚えておくといいでしょう。どうしてこのようになったのかといいますと、16世紀以前には２分音符なら２分音符の長さが決まっていて、その他の音符の長さの関係も一定だったのです。しかしその後、２分音符や４分音符の中に短い音符をたくさん入れるようになり、長い音符がより長くなってしまいました。その結果、この関係があいまいになってしまって、メトロノーム記号が必要になったのです。

一時的に音を上げ下げする

　楽譜のなかでよく使用される記号に、♯（シャープ）、♭（フラット）、♮（ナチュラル）の3つがあります。最初のふたつは「変位記号」とも呼ばれ、音符（符頭）の前につけて、音符が示す音高を半音分（ピアノの鍵盤でいえば、隣の鍵に）上げたり、下げたりするための記号です。一度、上げたり下げたりすると、同一の小節内では、ずっと上げたり下げたりされたままの音となります。

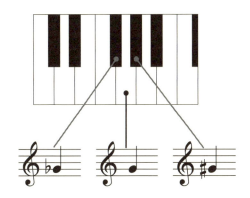

　もとの音に戻したい場合は、その音符（符頭）の前に♮をつけます。♯と♭は1小節内でのみ有効なので、次の小節で音がもとに戻る場合、理論上は♮を記す必要はありません。しかし演奏者が勘違いしないように、あえて♮をつける場合もあります。変位記号に対して、♮は「本位記号」と呼ばれたりします。

　このように臨時に音を上げ下げする記号を「臨時記号」といいます。

調を示す

「この曲はハ長調です」という表現を、見たり聞いたりしたことがあるでしょうか。この「ハ長調」という言葉は、実は3つの要素からできているのです。後ろから順に説明します。

一番後ろの「調」は、その曲全体で使用されている音の集まりを指します。カラオケなどで「キーが高すぎる」あるいは「キーを下げてほしい」というときの「キー key」が「調」です。

次に「長」ですが、これと対になるのが「短」です。調には「長調」と「短調」の2種類があります。長調は「ドレミファソラシド」という音のまとまり（低い音から並べると「音階」といいます）で、短調は「ラシドレミファソラ」という音のまとまりです。長調は明るく、短調は暗く、響きますね。これは、音階の最初の音と3番目の音の幅の違いによります。長調のドとミの間は、短調のラとドの間よりも広くなっています。鍵盤上で、それぞれの音の間に含まれている鍵の数を、黒鍵も含めて数えてみてください。前者は5つ、後者は4つ、含まれています。歌ってみても、その違いがよくわかります。

> **長調と短調**
>
> ある調号で示された調、たとえば、♯ひとつをファの位置につけた調では、ト長調とホ短調という2種類の調を示すことができる。音階で示すと、ソラシドレミファ♯ソの長音階と、ミファ♯ソラシドレミという短音階である。つまり、逆から説明すると、♯ひとつの調号が示す調というのは、……ソラシドレミファ♯ソラシドレ……という音の集まりだということになる。

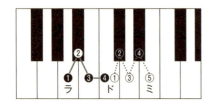

この「ドレミファソラシド」をハ音からはじめると、その音階は「ハ長調」となります。またイ音から「ラシドレミファソラ」をはじめると、「イ短調」になります。つまり先頭の片仮名「ハ」は、音階の開始音を示しているのです。

同様にして、すべての音を出発音として、長調と短調の音階をつくることができます。

ハ長調とイ短調は、ピアノの白鍵だけでつくることができますが、ここでト音を出発音とした「ドレミファソラシド」

➡「ハ」と「ド」の関係については、第31頁のコラム**「階名と音名」**も参照してください

の音階、つまり、ト長調の音階をつくることを考えてみましょう。

　そうしますと、「ドレミファソラシド」をつくるためには——隣どうしの音の幅を同じにするためには——、ヘ音を半音上げなくてはなりません。つまり、ヘ音に♯をつけることになります。その結果、ト音を出発音とする長音階をこの曲では使用しますということを示すには、楽曲の冒頭で、音部記号と拍子記号の間に、ヘ音のところに♯ひとつを記入するわけです。このように記入された♯あるいは♭を、「調号」と呼びます。調号は、前項で説明した臨時記号と異なり、次の調号が示されるまで、すべての高さの音に対して有効です。

> **調号**
> 　調号では♯と♭の変位記号を使用する。五線譜上に記す位置や順序は決まっている。♯の場合は、ファ、ド、ソ、レ、ラ、ミ、シという順に、♭の場合は、シ、ミ、ラ、レ、ソ、ド、ファという順に、それぞれ記す。
>
>

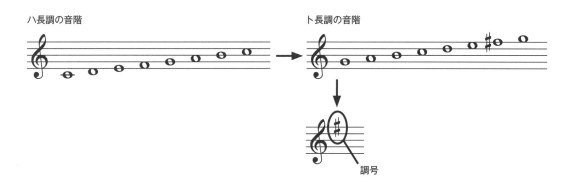

　♯１個の調号では、ト長調の他に、「ラシドレミファソラ」に相当する「ホ短調」を示すことができます。
　このように調号を用いると、小節やオクターブを越えて、いつもある特定の音を半音上げ下げできるので、とても便利です。これに対して、一時的に上げ下げする場合には、臨時記号を使うことは、すでにお話ししたとおりです。

コードネームについて

ポピュラー音楽などで、和音を示すのに使用されるのが、コードネームです。ギターやキーボードで伴奏するときには、コードネームがわかると、とても便利です。基本的なことさえ理解しておけば、簡単に伴奏ができるようになります。

ド・ミ・ソのように、音を積み重ねたものが和音（コード）と呼ばれます。この和音の一番下に位置する音が、根音あるいはルートです。コードネームではまずこの根音の音名を、英語で表記します。たとえば、C、D……などです。必ず、大文字です。

次に、この根音の上に、どのように残りふたつの音を重ねるかです。必ずひとつおきに音を重ねます。たとえば、Cの和音は「ドミソ」、Gの和音は「ソシレ」となります。

問題は2番目の音です。調のところでもひとつおきに音を取ったときに、広い場合と、狭い場合があるといいましたね。つまり、広い場合と、狭い場合を区別する必要が生じるのです。

広い場合には、音名のあとに「maj」あるいは「M」を続けて書きます。あるいは何もくっついていなければ、広いことを意味します。たとえば、D、Dmaj、DMなら、「ディーメイジャー」と読み、レ・ファ♯・ラの和音となります。

これに対して、狭い場合は、音名のあとに「min」または「m」をつけます。たとえば、Dmin、Dmとなり、「ディーマイナー」と読みます。和音はレ・ファ・ラとなります。

> **和音（コード）**
> 和音はコードの訳語である。コードとは、羊などの腸でつくられた細い紐のことで、弦楽器の弦として使用された。ここから同時に鳴り響く音をコードと呼ぶようになった。日本語では、「和絃」と訳されることもある。どうしてドミソという3つの音が基本となったかというと、ひとつは片手の5本の指で押さえやすかったこと、さらに、これら3つの音の振動数の比が、4：5：6となり、協和しやすいからである。ちなみに、ドと1オクターブ高いドの振動数比は1：2、ドとソは2：3である。ドミソのドとソの4：6は、2：3であることも、そのためである。

> **英語の音名**
> 英語の音名はAからGまでのアルファベットを使用する。日本語では、イからトまでの音、フランス語やイタリア語では、ドからシまでの音を使用する。ドイツ語も基本的にAからGまでのアルファベットを使用するが、B＝ロ＝シの音に「H」を、半音下げられたB♭＝変ロ＝シ♭のほうに「B」を使用する。
> ちなみに、日本語では半音高くする場合は「嬰」、半音低くする場合は「変」という文字を使用する。たとえば、C♯は嬰ハ、B♭は変ロとなる。

3つの音からなる和音にさらに、音を追加する場合には、根音からの距離を数字で示します。たとえば、G7と書いてあ

れば、根音から7つ目の音「ファ」を追加し、ソ・シ・レ・ファの和音となります。

その他、追加する音程の数字や、その数字に♯（+）や♭（−）をつけたりします。

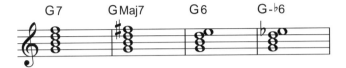

コードネームについて

コードネームというと、暗号や開発中の製品の別称を連想してしまいますが、これらは code name です。音楽でいうコードネームは chord name で、直訳すれば「和音名」となります。本来は「コードシンボル chord symbol」と呼ぶべきもので、音楽のコードネームという名称は和製英語といえるでしょう。

メイジャー major あるいはマイナー minor は「より大きい」あるいは「より小さい」という意味で、ラテン語のマーニュス magnus あるいはミーヌス minus の比較級です。ふたつの音の距離を表す言葉として使用されました。ここでは広い、狭いと表現していますが、大きい、小さいと呼んでもかまいません。日本では明治時代に翻訳するときに、長い、短いと訳したので、長い＝長、短い＝短と呼ぶようになりました。

まとめ

楽譜を読むためには、以上のようなルールを知っている必要があります。このようなルールは「楽典」と呼ばれていますが、音楽の勉強を続けていくためには、この楽典を勉強しなくてはなりません。楽典については多くの種類の本が出版されていますので、少しずつ勉強してください。楽典は一度はきちんと勉強しておいたほうがいいですね。

第4章 楽しく歌ってみよう！

渡辺 行野

声とは

　皆さんは「声」に着目したことはありますか。幼児教育の現場でも、「おはよう！」「○○くん」「○○ちゃん」「元気？」など、日常生活で何気なく発している声ですが、その「声」は一人ひとりが違っていて、それぞれに個性をもっています。

　低い声・高い声といった声の高さ、細い声・太い声といった声の性格など、それぞれの声の特徴がその人の個性となり、その人自身の印象にもつながっていきます。

　また同じ「おはよう」でも、「おはよう ↗」や「おはよう ↘」といった声のトーンによって、「今日は何か良いことがあったのかな？」「今日は、元気がないのかな？」など、受ける印象が異なります。これは、声のトーンに感情が表れるからです。

　一人ひとりがもつ「声」とは、かけがえのない大切なものだということを、まず認識しておきましょう。他者の声、自分の声、「声」そのものは、その人を表すひとつの特徴や魅力であり、個性でもあるのです。

第4章　楽しく歌ってみよう！

のどのしくみ

　さて、人の「声」はどのようにしてつくられるのでしょうか？それを知るためには、「のどのしくみ」を知っておく必要があります。

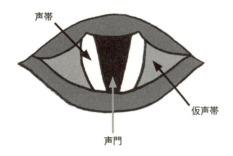

図1　普通に呼吸しているときの声帯

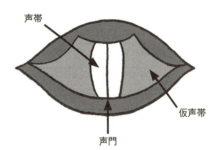

図2　発声しているときの声帯

　声は、のどの奥にある「声帯」という部分でつくられます。声帯は、口の中をのぞきこんでも目で確認することはできません。気管の入り口、だいたいのど仏のあたりにあります。上図のように、のどの真ん中にある2枚のひらひらしたもの、これが「声帯」です。

　普通に呼吸しているときは、この声帯が開いていますが、この2枚の声帯が閉じてくっつき合った状態のときに、肺から空気が送られると、声帯が振動して音となり、その音が「声」となります。声帯と声帯の間のわずかなすき間を空気が通過するときに生じる音は小さく、まだ「声」と呼べるような美しいものではありません。そのかすかな音が、のどや口腔などと共鳴していくことによって、少しずつ豊かな響きとなり、私たちがふだん耳にする「声」になっていきます。

　声帯は一人ひとりさまざまで、その長さもそれぞれ違います。子どものころは9～10mmくらいの声帯が、変声期を過ぎると、男子は最も長くて24mmくらい、女子は16mmくらいまで成長するといわれています。一般に男性の声が女性の声より

> **声帯**
> 　のどの奥、いわゆるのど仏のあたりにある、声を出すための器官。のどの両側から飛び出したひだ状の筋肉のこと。呼吸のときは開いているが、発声のときは両側からその幅が狭まり、肺から送り出される空気によって、この声帯が振動し、声となる。

> **変声期**
> 　思春期に入り、からだの成長とともに、のどの発声に関わる器官も成長し、声の音域や音色が変わる、その過渡期を指す。その期間は人によって異なるが、通常、数ヶ月～1年半ぐらいといわれる。変声期には、声が出にくくなったり、かすれたりすることがある。

も低くなるのは、この声帯の長さの違いによるものです。

　実は、女子にも変声期があるのです。よく年ごろの女の子から「女子には変声期がないはずなのに、声が変！　私おかしいのかな？」などと心配する声を聞くことがあります。それが女子における通常の変声期なのです。

歌うときの姿勢

　声の出るしくみがわかったところで、いよいよ「歌う」というステップに入っていきます。

　歌うときは、自らの身体を「楽器」にしなくてはなりません。身体全体を意識して響かせて、思い切り「発声」するようにしてください。自分の身体が楽器になっていることが感じられると、心地よさを感じることもできるでしょう。

　発声に際しては、「姿勢」が重要となります。せっかく素敵な声をもっていても、姿勢が悪いと発声に至るまでの道のりで、息が止まってしまうからです。そうなっては、素敵な声も出てきません。

　まず、歌うときの正しい姿勢を確認しましょう。身体の重心をやや前方に置き、全身をやわらかく保ちます。あまり考えすぎてしまうと硬くなってしまいますので、身体をリラックスして自然に保ちます。

　背筋を一度伸ばし、肩を上のほうに持ち上げて、ストンと落としてみてください。またおしりを少し締めるようにすると、体勢が整います。その姿勢ができたら、自分の顔を鏡で見ながらニッコリ！　自ら顔の表情や身体全体で、雰囲気をやわらかく表すことも必要です。

　足の位置も大事です。足は肩幅程度に少し広げて、重心がしっかり安定するようにしましょう。「安定する」とは硬くすることではありません。自分の身体がこんにゃくのように、くねくねしているようにイメージすることが大切です。くねくねとやわらかいといっても、誰かが力を加えたとしても崩れないように、体勢を保ってください。

42

第4章　楽しく歌ってみよう！

　もうひとつ大事なポイントは、胸の位置です。胸はなるべく高めに保ち、腹筋がスムーズに活動できるようにしておきたいものです。両手を頭上高く上げて、ゆっくりおろしましょう。そのとき、胸を高めの位置に意識しておくとよいでしょう。

　正しい姿勢が保てたら、さあ、息を吸ってみてください。肩を上げずに、身体全体を楽に保ちながらです。そのときに、おなかと背中全体に息が広がるようにイメージしましょう。吸った息は、ゆっくりと吐き出します。これが歌うときの基本動作になります。

歌うときの姿勢

歌のすばらしさ

　「声」を出す、そして「歌う」という行為は、人間にとってとても当たり前の行為です。しかしここには、人と声、そして歌との深い関係が隠されているのです。

　たとえば、もし人が声を出せなくて、言語というものをもたなかったら、どうなるでしょうか。サルやチンパンジーのように、身振りや手振りで、単純な欲求を伝えることはできるでしょうが、物事の意味や微妙な気持ちを伝えることはできません。しかしその反面で、言語によるコミュニケーションが成り立っているという大前提のうえでは、言葉以上に、声の音色や抑揚で、感情の細かなニュアンスを伝えることもできます。

　人が「歌う」という行為は、声を出す以上に、歌を歌いたいという人の意思が存在しなくてはなりません。他人に声を出してくださいといえば、「ああ」とか声を出してくれるかもしれません。しかし歌を歌ってくださいといっても、そう簡単には歌ってはくれないでしょう。歌を歌うためには、声だけでなく、歌によって周りの多くの人たちに、何かを伝えたいという強い意思が、必要とされるからです。そして歌う自分がここにいるんだ、私はここに生きているからこそ、歌を歌っているのだということを、歌は伝えるのです。それだからこそ、オペラ歌手などが訓練した声で歌うのを聴いて、私たちは感動するわけです。

　このように考えると、子どもが歌を歌うことの大切さ、そして子どもにとってもとても大切なことをしているのだということも、おのずと理解できるのではないでしょうか。子どもが本当に小さいときは、無邪気に大きな声を出して歌ってくれますが、やがて周りの子どもと自分とを比較して、羞恥心というものが芽生えてくると、声を出すことも億劫になってしまいます。でも、これはとても自然なことであって、無理やり声を出させる必要もないでしょう。まずは子どもたちに、歌うことの楽しさや喜びをぜひとも経験させてあげてください。そうすれば、大きな声で歌ってくれるのではないでしょうか。

第4章 楽しく歌ってみよう！

声は身体のどこを使って出せばよいか

　声はのどから出すのではなく、おなかから出すほうがより大きく、より遠くに響くと、よくいわれます。おなかから出た声は、のどや頭を通って遠くへ飛んでいくからです。では、どのようにすれば、おなかから声を出せるのでしょうか。

　まず、正しい姿勢をもう一度確認しましょう。背筋は伸びていますか？　足は肩幅程度に開いていますか？　そして正しい姿勢が確認できたら、おなかを使って呼吸してみましょう。おなかをすばやく引っ込めながら、息を吐き出します。犬が暑いときに、体温調整のために「ハッハッ」としている様子を見たことがあると思いますが、その動作と似ています。おなかの底が、強い息でバウンドするようなイメージです。息を吐き出すときに「ハッ」と声を出しながら、次の曲を練習してみましょう。

《おなかを使った練習》渡辺行野作詞・作曲

肺の力や肺活量を増やそう

　自分の声の魅力を十分に発揮して歌うためには、ちょっとした身体のトレーニングも必要です。

　たとえば、風船に息を入れる場合、すぐに風船を大きくできる人と、なかなか風船がふくらまない人がいます。それは、息を吹き込む力や息の量（肺活量といいます）の差です。

　息を吹き込む力が強かったり、肺活量が多いと、息を長く吐き続けることができるようになり、メロディーにあるフレーズ（ひとつのふし）を歌いきることにも役立ちます。フレーズとフレーズの合間のブレス（息つぎ）も、きれいにスムーズになります。

　肺の力や肺活量を増やすためには、訓練が必要です。体育の授業などで経験があるかと思いますが、腕立て伏せや片腕立て、またＶ字の腹筋や背面腹筋などが有効です。

　ただ、こういったいわゆる筋肉トレーニングが苦手な方も多いでしょう。そういう人のために、もっと簡単に、肺の力や肺活量を増やす方法があります。

　たとえば、

①お風呂で、たっぷり息を吸って、おなかを意識しながら、大声で気持ちよく歌う
②ローソクの火に、息を一気に吹きかけ一瞬で消す
③CDケースやお菓子の箱などを息の強さで倒してみる

　これなら、遊びやゲームのように楽しみながら、肺の力や肺活量を増やすことができると思います。毎日少しずつでもよいので、楽しみながら取り組めるとよいですね。

おなかの支え

　次は、おなかから声を出すために必要な呼吸と密接に関係している「横隔膜」の話をします。まず、横隔膜の位置を確認しましょう。まっすぐに立つと、胸の中央部分がへこみます。これが「みぞおち」です。このみぞおちとおへその中間あたりに、横隔膜があります。胸部と腹部を隔てているのが、横隔膜です。

　息を吸うときにはこの横隔膜は下がり、吐くときには上がります。無意識に呼吸をしているときでも、横隔膜は上下しています。つまり、横隔膜は無意識に動いていますが、息を止めたりもできるように、意識的に動かすこともできる筋肉なのです。特に、歌を歌うときには、この横隔膜の動きを意識して歌うことが大切です。このように横隔膜を意識しながら大きく呼吸する方法を、「腹式呼吸」といいます。

　日常会話では「腹式呼吸」を使うことはありませんが、深呼吸をするときには、この腹式呼吸をします。歌を歌う場合には、息を十分に吸い、また息を十分に保ちながら、徐々に息を吐いて、発声しなくてはなりません。この息を溜めてゆっくりと吐くために、横隔膜の支えが必要となるわけです。一般的には、横隔膜を支え、上腹部のふくらみを保つには、「おなかの支え」が必要であるといわれています。このような支えがあれば、ただ大きな声を出すだけでなく、大きさを調整したり、音の高さを正確に、かつなめらかに変化させたりすることができるわけです。

> **横隔膜**
>
> 　肺などのある胸部と、胃や腸などの臓器のある腹部を区切る膜状の筋肉。肺の呼吸運動を支えている。
> 　咳をすると、この横隔膜の動きが感じられる。
> 　また、しゃっくりは横隔膜が痙攣することで起こるので、大きく息を吸ったり吐いたりすることで、しゃっくりを止められることがある。

> **腹式呼吸**
>
> 　腹筋や横隔膜の運動によっておこなう呼吸で、横隔膜の上下運動を主とする呼吸のことをいう。これによって上腹部の上下を感じることができ、息を十分に保つことができる。

腹式呼吸の練習をする

　寝た姿勢でおなかを使って呼吸すると、自然に腹式呼吸になります。立っていても、これと同じようにできるようにしてください。

そのための練習方法はさまざまですが、たとえば上腹部のあたりに風船（横隔膜）が入っているようにイメージして、その風船に空気を入れるよう吸っていきます。息を吐くときは、おへその下を意識してみましょう。そのとき、おなかの下のほうから押し上げるように空気を送り出しましょう。また、吸うときは、肩を上げてしまいがちですが、肩は力を抜いてその位置を保つように気をつけましょう。

　深い呼吸ができるようになると、背中もふくらんできます。身につけた浮き輪がふくらんでいくようなイメージです。ここに空気が入ってくると空気量、つまり声量のコントロールができるようになります。

①花の香りをかぐように、鼻から、ゆっくり息を吸う
　⇨　一度息を止めて確認する
②おなかの周りに広がりを感じてきたら、口からゆっくり吐き出す
　⇨　長い時間をかけて。歯のすき間から無声音「スーッ」とともに。

このように繰り返して、自分の呼吸を整えていきましょう。

花の香りをかぐように
鼻から静かに吸う（ゆっくり深呼吸のように）

ゆっくりと長い時間をかけて
歯と歯のすき間から無声音"スーッ"とともに吐く
（15秒くらい保つ）

第4章　楽しく歌ってみよう！

インナーマッスルを意識する

　歌を歌う際には、常に自分の身体を意識して、発声していくことが大切です。おなかの支えについて述べてきましたが、これは「インナーマッスル」を使うということです。「インナーマッスル」とは、身体の内側にある筋肉のことです。

　ローソクの炎を思い浮かべてみてください。ローソクの炎に向かって優しく、ゆっくりと息を吐くと、炎はゆらゆらします。一気に「フッ」と勢いをつけて息を吐くと、ローソクの炎は消えます。この「フッ」と息を吐いたときに使っているおなかの支えが「インナーマッスル」です。

　ローソクの代わりに、人差し指でも試してみましょう。ゆっくりと吐く息は、冷たく感じます。それに対してインナーマッスルを使って「フッ」と勢いよく吐いた息は、温かく感じます。

> **インナーマッスル**
> 　身体の深部にある比較的小さな筋肉の総称。関節を保護し、さまざまな動作の際に、細かな調整をする役割を担っている。インナーマッスルを意識すると、その部分が身体の芯となるような感覚があり、安定するといわれる。

ローソクの炎を消さないよう
ゆっくり、一定に息を吐く

インナーマッスルを使って
ローソクの炎を一瞬で消す

　インナーマッスルを意識していくと、身体と呼吸とおなかの支えがうまく連動してきます。息の使い方にはさまざまありますが、鼻から少しずつ小刻みに吸う息とゆっくり吐き出す「スー」という息を交互にしてみると、より身体を意識していくことができてくるでしょう。

ロングトーン

　インナーマッスルを意識した息づかいに慣れてきたら、安定した息での発声を練習します。このとき、同じ太さの声になるように意識して、なるべく長く吐き出します。これを「ロングトーン」といいます。
　視線が下がったり口が下がったりしていると、息がゆらゆらとして安定しません。正しい姿勢に気をつけて、少し上を見て発声するといいでしょう。

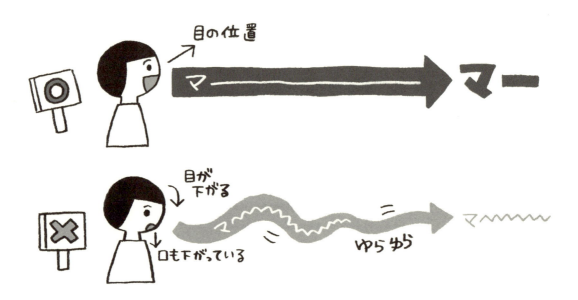

第4章 楽しく歌ってみよう！

歌ってみよう

　姿勢や息の使い方がマスターできたら、実際に歌ってみましょう。皆さんがよく知っている童謡《きらきら星》です。「Ma（ンマー）」で歌ってみましょう。

　声が身体全体に広がっていくようなイメージで歌いましょう。おなかだけでなく、背中もわき腹もふくらんでいくようにイメージし、息を吸い、発声してください。おなかから鼻やおでこに向かって、まっすぐに声の通り道があると思って、スピード感のある息を通してみましょう。

　上に声を出そうとすると重心がフラフラしがちですので、重心を下にして安定させ身体全体で支えます。身体はいつもやわらかく、力まないでリラックスしていることが大事です。思いっきり吸った息が、自分の身体の通り道を抜けて、声になっていくイメージをもち、響きが感じられるように発声していきましょう。

> **D.C. と Fine**
> 「D.C.」は Da Capo の略で「ダ・カーポ」と読み、楽譜の最初に戻ることを指示する。「Fine（フィーネ）」は D.C. とセットで用いられ、D.C. で戻ったあと、この Fine の位置で演奏を終わる。
> 　上の譜例《きらきら星》の場合、1小節目から演奏をはじめ、D.C. の記された8小節目まで演奏したら、先頭の1小節目に戻り、Fine の記された4小節目で演奏を終わる。

51

レガート、スタッカートで

「レガート」は、なめらかにつながりをもたせること、「スタッカート」はその反対で、一つひとつの音を短く切っていくことです。先ほどと同じ《きらきら星》を使って、両方の仕方で声を出す練習をしてみましょう。息の使い方によって、身体の動きと息の関係が感じられるようになれば、ベストです。またしっかりとおなかの底を意識して、声を出しましょう。

> **レガート**
> 音と音の間に切れ間を感じさせずに、なめらかに演奏すること。レガートで演奏したい音符間を弧線（スラー）でつないで示される。
>
>

> **スタッカート**
> スタカートともいい、音をはっきり区切るために、音符の長さを短く、歯切れよく演奏する。レガートと逆の奏法だと思ってほしい。音符の上または下に符号をつけて表す、もしくはstaccato（略してstacc.）と記す場合もある。
>
>

レガートで歌う場合

- 「Ma（ンマー）」で歌う
- なめらかに、音と音が切れないように、フレーズを考えて歌う
- ブレスまで、吐ききるように

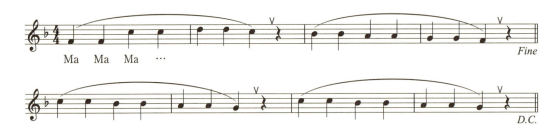

スタッカートの場合

- 「Ha（ハッ）」で歌う
- おなかを意識して、1音ずつ腹筋が動くように

第4章　楽しく歌ってみよう！

響きを感じる

　顔に両手を当てながら、「Ah___（アー）」と声を出してみます。次に、ヤギになったつもりで、「メェー」と鳴きまねしてみましょう。また今度は牛になったつもりで、「モー」と鳴きまねをしてみてください。最後に「n___（ンー）」といってみましょう。くすぐったいような、ムズムズするようなところがありませんか。「Ah___（アー）」と「メェー」と「モー」、「n___（ンー）」では、音を感じる場所が違うと思います。またその場所は人によっても違いがありますが、そのムズムズするあたりを意識して、ハミングによる響きを探していきましょう。

　まず、歯を噛み合わさず軽く唇を閉じて、ハミングしてみましょう。次に、少し唇を軽く開けてハミングします。「m～（ん～）」とハミングしたときに、ブルブル感じられる場所や振動がわかりますか。

　最初は、無理のない高さの音でおこない、慣れてきたら先ほど歌った《きらきら星》を、ハミングで歌ってみましょう。歌のなかには、低い音や高い音も出てきます。音の高さによって、鼻やおでこに振動が感じられるのではないでしょうか。振動を感じたら、その響きのまま、「m～ん～マ～」や「m～ん～メ～」などのように言葉を変えたり、「m～ん～mみーん」と蝉の鳴き声をまねするなどしながら、響きを確認していきます。そうすると、だんだんに響きの当て方がわかってきます。

> **ハミング**
> 　口を閉じ、声を鼻に抜いて旋律を歌うこと。声楽の技法で、m、n、ng の鼻音で歌うことがある。特殊な歌い方として、また発声練習などで使用される。

《きらきら星》フランス民謡

次に、鼻腔を意識して共鳴を感じていきます。鼻腔とは、鼻の穴からのどの間までの空洞のことです。この鼻腔の部分に音が集まり、響きが当たってくると、良い声になります。「イ」や「エ」を発声しながら、声が共鳴していることを感じてみましょう。

顔に手を当てながら、響きを感じるのもよいでしょう。鼻の付け根と頬骨のあたりに手を当てながら、「ア」「エ」「イ」「オ」「ウ」と発声してみます。音の高さは自分の出しやすい高さで大丈夫ですが、どの言葉のときにどの部分が振動しているのかを、確かめていきましょう。言葉や音の高さによって、自分の口、鼻、頭部、胸部のどの部分を響かせるのか、また身体をどのように使っていくのかなど、徐々に理解していきましょう。

> **鼻腔**
> 鼻の内腔。咽頭までの空気の通り道。吸い込んだ空気を暖める効果や、嗅覚器の役割がある。

声を響かせる

歌うときに、「口を思いっきり開けて歌うのではなく、のどを開けて歌いましょう」などといわれたことはありませんか。それは、口を開けることだけに意識を集中させるのではなく、なるべく、あくびをするときのように、のどを開きましょう、ということです。そうして、頭部・鼻・口・胸のあたりに声を当てて、響きをつくっていくことを心がけましょう。

まず、口を軽く開けて、そのまま空気を吸ってみましょう。そうすると、冷たく感じるところがありませんか。そのあたりを意識して、なるべくそのあたりを開けようとするのです。そして、吸った空気をおでこに当てるようにして、息を吐きながら声にしてみてください。息が声となっておでこのあたり、そして顔全体に響くのが感じられます。

次に、次頁の楽譜を見ながら歌ってみましょう。口を結んだ状態から「ンマー」といったような感じで（「マ」のところで口を開きます）、1音1音ゆっくりと、顔に手を当てながら、響きが感じられるかどうかを確かめながら、歌っていきます。

54

第4章 楽しく歌ってみよう！

　上あごより上（顔の上面）に響かせ、そこから上の方向に響きを広げていくようなイメージです。
　一つひとつの音のそれぞれよく響く場所が意識できると、声が響き出します。当たる場所を意識して、響きを確認してみましょう。

※「マ」のときは口を開く

　一つひとつの音の当たる場所が、確認できたでしょうか。音が高くなるほど、声を当てる場所も上に移動していきます。次の楽譜に示したのは、その目安です。手でそれぞれの位置を示しながら歌うと、わかりやすいと思います。その際、手よりも上に声を出す感じで、ハミングまたは「ンマー」で発声してみてください。下方向に声が行くよりも、そのほうが、響きがよく感じられると思います。

それぞれの高さの音は、次のような声で歌うとよいでしょう。

ド⇒　前に押しつけていくような声
ミ⇒　鼻に抜ける鼻声
ソ⇒　目に抜けていくような声
ド⇒　頭や身体全体に響く声
ミ⇒　のどの奥のほうへ引っ込んだような声

　また歌う際は、響きの通り道をイメージするとよいでしょう。

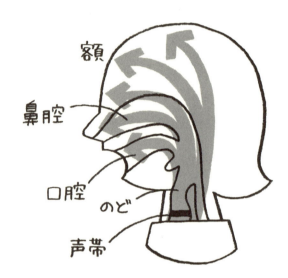

　自分の身体が響いていることを少しずつ感じていけるようになると、面白くなってくると思います。
　声を遠くに飛ばすような気持ちで発声しましょう。また音が高くなると、共鳴する部分はより顔の奥、頭の奥に移るといわれています。高い音を発声する際は、よく頭の上を抜けるような感じで（頭上の髪の毛が上から引っ張られているような）と表現されます。発声するときには、自分の身体のどの部分に声を当てていくと、声が響くのかを試してみましょう。
　ただ、先ほども述べましたが、上から声が抜けるとはいっても、身体の支えはいつも変わりません。重心を下にして、

第 4 章　楽しく歌ってみよう！

おなかの支えを保つことは忘れないようにしましょう。

　肺に取り込んだ空気が、腹式呼吸によって身体を通して絞り出されると、すばらしい「声」となって鼻腔、口腔から響き伝わっていくのです。

フレーズを考えよう

　ひとつのフレーズは、息をたっぷり吸って吐き出して歌います。そのためには、しっかり吸うこと、つまり「ブレス」が大事になります。言葉や音楽的な意味を考えながら、どこからどこまでがひとつのフレーズなのかを考えて、「ブレス」の位置を決め、そのフレーズに存分に息を使えるように、計画的に息を使って発声していきましょう。

　たとえば、童謡《どんぐりころころ》の楽譜を見てみましょう。ここでは、2小節ごとに出てくる休符（8分休符）が、フレーズを考えるときのヒントになります。歌詞もちょうど2小節ごとに、ひとまとまりになっていますね。つまり、2小節でひとつのフレーズと考えることができます。歌うときは、フレーズの最後の休符の位置でブレスをします。

> **フレーズ**
> 　旋律のひとつのかたまり。旋律の自然な区分。ひとつのフレーズは、だいたいひと息のつもりで歌う。

> **ブレス**
> 　歌や楽器の演奏途中で息つぎをすること。ブレス記号（∨）が楽譜上に書かれている場合もある。フレーズと関係してくるが、フレーズごとに息つぎがないと、聴いている人も息苦しくなったり、落ち着きのない演奏になったりしてしまう場合がある。これは、音楽を聴いている人も、無意識のうちに心のなかでそのメロディーを歌い、呼吸をしているためだ。

《どんぐりころころ》青木存義作詞、梁田貞作曲

　次は《ちょうちょう》の楽譜を見てみましょう。この楽譜には、先ほどの《どんぐりころころ》のように休符が見あたりません。こういうときは、歌詞をヒントにフレーズを考え

ます。

　メロディーと歌詞の意味を考えながらまとまりを探すと、楽譜に示したように2小節ごとのまとまりと4小節ごとのまとまりが考えられます。ゆっくりと語りかけるように歌いたい場合は2小節ごとに、またテンポを上げて軽快に歌いたい場合は4小節ごとに、ブレスをして歌うとよいでしょう。

《ちょうちょう》野村秋足・稲垣千穎作詞、ドイツ民謡

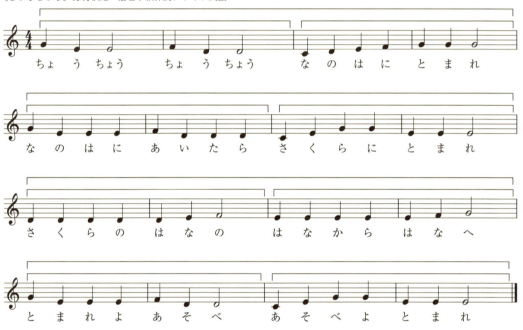

　歌を歌う場合は、どこがフレーズの切れ目なのかという点に気をつけて、歌ってください。言葉の途中でブレスはできません。また、その歌詞やそのメロディーがどこに向かっているのか（方向性）や、全体の曲の構造を考えて、盛り上がりを見つけていくことも大事です。フレーズの盛り上がりに向かって息の量を多くしたり、少なくしたりすると効果的です。その際には、身体の支えや身体の使い方を工夫することも、忘れないでください。

自分の声を聴いてみよう

　歌の上達のためには、自分の歌っている声を客観的に聴いてみることも大切です。

　自分が歌っているときの声を、録音して聴いてみましょう。いつもと違った声に聴こえるはずです。周りの人には自分の声がこのように聞こえているのかとわかると、誰しも恥ずかしくなるかと思いますが、息の使い方やブレスの位置など、細かな点を客観的に確認してください。

　ふだんの練習のなかで、もっと簡単な方法で、自分の声を聴くこともできます。片手で耳を覆うようにして、もう一方の手を口の前において歌うのです。口の前の手は、口もとから離したり近づけたりしてみます。そうすると、口の前にある手のひらにぶつかった声が反射して、耳もとに届くはずです。自分の声を聴くことによって、きちんと声が響いているかどうか判断できます。

言葉と口の形

　口の開き方は、人それぞれ違います。また自分が思っているのとは異なる口の形をしている場合もありますので、鏡を見ながらさまざまに試してみましょう。口の開き方や形で、響きや音色も変わります。

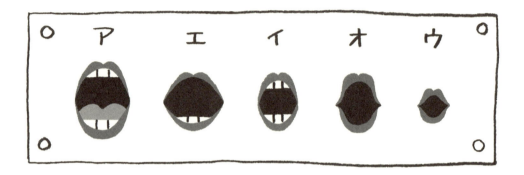

「ア」
　「ア」は、基本的な母音となります。とてもよく響く音です。鼻からおでこに向かって抜けるように響かせましょう。舌は、なるべく下にして、口のなかの空洞は大きくつくるようにしましょう。

「エ」
　平べったくならないように、できるだけ口を縦に開くようなイメージで、「ア」に近い発声で出しましょう。下あごが落ちていきやすいので、支えるイメージで口角を上げてみましょう。

「イ」（縦長、平たい）
　これも「エ」といっしょで、口を横に開かずに発声していきましょう。「アッカンベー、イーダ」の「イー」を縦バージョンと平たいバージョンで比較すると、わかりやすいですが、口の形を平べったくして出す「イー」よりも、力を抜いて、口

第4章　楽しく歌ってみよう！

を縦に、おでこに向かって響かせると、よく響きます。

「オ」
　「ア」の発音に似ていますが、唇は少し前に出すイメージです。「ア」の口の形から、のどの奥を少し開けて、のどの奥のほうを意識して発声してみましょう。

「ウ」
　口の奥は、先ほどの「オ」に近いイメージです。響きをつくるのはやや難しいですが、鼻の響きを意識させて発声してみましょう。口のなかの空洞を利用して響かせてみると、鼻腔のあたりに共鳴していきます。

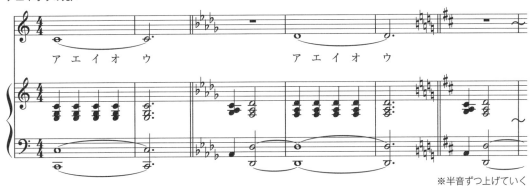

　発声していく際には、口の形は、縦の開口を意識して、「アエイオウ」を響かせていきましょう。
　自分で鏡を見ながら、口の開け方を確認していくとよいでしょう。口の形が縦か横かによって、響きが変わりますので、試してみましょう。力を入れずにリラックスして、響きを感じながらやってみましょう。

まとめ

　保育園や幼稚園の先生になって、のどを痛め、声をつぶしてしまったという人の話を、よく耳にします。声楽を少しでも勉強した人なら、そのような人に対して、「それは発声法ができてないからだ」というでしょう。ここで示した発声法は、歌を歌うときだけでなく、日常生活で声を出すときも、心がけておくといいかもしれません。要するに、のどだけでなく、「おなかから」声を出すことに、注意しておくというものです。

　また声を出すときには、身体や呼吸を意識することも大切です。合唱するときでも、ただ声だけを合わせるだけでは、歌っている人たちの気持ちはひとつになりません。身体全体を通して「息」を合わせることが、「生き」につながることを思い出してください。

第5章 楽しくピアノを弾いてみよう！

渡辺　行野

ピアノを弾くとは？

　ピアノという楽器は、日常的に最もよく見かける楽器ですね。学校の音楽教室や体育館、コンサートホールはもちろん、町の公民館、そしてレストランのフロアにも、置いてあります。翼を広げたような形をしたグランドピアノと、箱を立てたような形をしたアップライトピアノという、2種類のピアノがあります。しかしピアノの音が出るしくみは同じです（グランドピアノとアップライトピアノの内部機構は違います）。鍵盤上の鍵を押した力で、ピアノの中に張られた弦を、フェルトで包まれたハンマーで打つという、「弦を打つ」ことが基本なのです。このような楽器を「打弦楽器」ということもあります。

　「弾く」というのは、弦をはじくという意味もありますが、同時に、跳ね返る力で打つという意味をあります。鍵を打つ力は梃の原理でハンマーを押し上げ、弦を打つ力に変換されるのですが、まさしく梃で跳ね上げる力を利用して弦を打つのです。

　ここまで説明すると、ピアノを弾いて美しい音を出すには、何が大切になるかわかりますね。うまく打弦できるかどうかに、すべてがかかっています。それはとどのつまり、ピアノの前での座り方、手や指の置き方、指の押し方、そしてどの指で押さえるかにかかっているということです。そして最後

「ピアノ」という楽器

　ピアノという楽器では、強く鍵を押せば大きな音が、静かに押せば小さな音が出る。大きな音と小さな音の両方が出せるというのが、ピアノの最も大きな特徴である。音楽用語で、「大きな音で」は「フォルテ forte」、「小さな音で」は「ピアノ piano」だが、ピアノという楽器の名称もここから来ている。ピアノが誕生した18世紀前半には、「ピアノ・フォルテ」あるいは「フォルテ・ピアノ」と呼ばれていたが、やがて「ピアノ」という名称が定着した。

鍵盤と鍵

　ピアノやオルガンを前にして座ったときに、目の前にあるのが鍵盤である。音を出すときには、鍵盤上に並んでいる白鍵あるいは黒鍵を、指で押さえる。指で押さえる部分が鍵（けん）である。梃の原理を使って力を伝える装置のことを鍵と呼ぶからである。英語でも同じ理由からキーという。日本語では一般的に、鍵盤を押すというが、正確には鍵を押すというべきであろう。ちなみに、盤とは板状のものを指す。鍵が板状に並んでいるので鍵盤となる。算盤（そろばん）などと同じ表現である。

がペダルの使い方です。指を離すと音は消えますが、ペダルを踏むと、音を延ばす（つまり、弦を響かせたままにしておく）ことができます。音をなめらかにつなげたり、伴奏のために豊かな響きが必要な場合に、使用します。では、ピアノの前に座って、音を出してみましょう。

座り方について

　鍵盤幅の真ん中付近に椅子を置き、ピアノに向かってやや浅めに腰かけます。重心を腰に置くようなイメージです。足は楽にして、かかとからつま先まで、足の裏全体が床につくようにしておきましょう。肩や腕の力を抜いて体にしっかりおさまるようにします。そして背筋は伸ばしすぎずに、腰全体で支えるようなイメージで、指先までやわらかく動かせるように、肩や腕を構えます。

　ふだんの生活で普通の椅子に座るときは、深く座る人も多いかもしれませんが、ピアノの椅子の場合には、端にチョコンとおしりを乗せる感じで、浅く座るようにするとよいです。特に背もたれのある椅子では、寄りかかりたくなりますが、浅く座り、自分のおしりで上半身を支えるようにして、重心をしっかりと保つといいですね。

　手を鍵盤の上に乗せたときに、手首や肘が鍵盤よりも極端に低い位置にあると、弾きにくくなってしまいます。肘の高さが鍵盤とほぼ同じになるように、椅子の高さを調節しましょう。一人ひとり重心の決まる場所が違いますので、椅子の高さは、高すぎず、低すぎず、自分に合った高さにしましょう。

　演奏していると、緊張してしまって、座る位置や自分の演奏する鍵の位置がわからなくなってしまう場合もあります。ピアノの真ん中に椅子を配置することや、鍵盤の蓋の裏のメーカー名が刻印されている基本の場所を記憶しておくと、緊張していても演奏する基本の場所に戻れるでしょう。それはちょうど、ト音記号のドとヘ音記号のドが両手で同じ距離で押すことのできる場所でもあります。

第5章　楽しくピアノを弾いてみよう！

① 肩に力は入っていませんか？
② 背筋はほどよく伸ばしていますか？
③ 肘は楽にしていますか？
④ あまり深く腰かけすぎていませんか？
⑤ 腰に重心を置いていますか？
⑥ 足に力を入れすぎていませんか？
⑦ 肘の高さが鍵盤とほぼ同じになっていますか？
⑧ 椅子の位置が鍵盤と離れすぎていませんか？

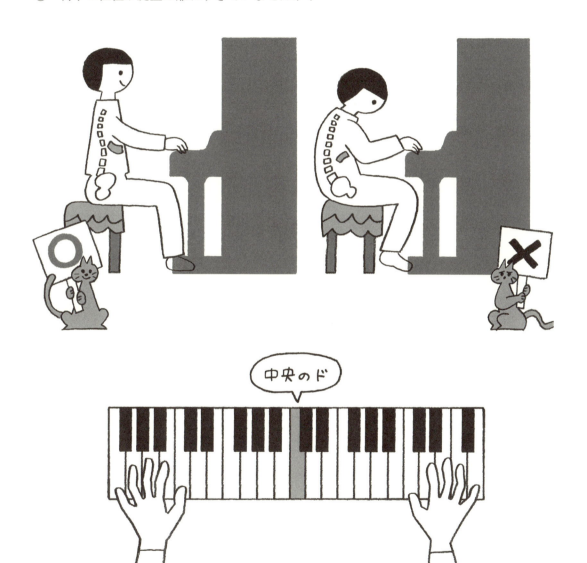

ピアノを弾いているときは、常に腕を構えています。また長時間手も構えることになりますので、力を入れずに、なるべく楽にします。手と腕に負担がかからないように、両足はしっかり踏みしめて、「腰」で支えるイメージをもちましょう。いつも安定した状態を保つことが良い姿勢につながります。

　姿勢が悪かったり、力（りき）んだりしてしまうと、手や腕が疲れ、背中に疲れを感じたり、肩が凝ったように感じたりします。力を抜いて、楽に鍵盤に構えてみましょう。そして、身体の重みを自然に腕にかけるようなイメージをもって、浅く座るように心がけましょう。

　いずれにしても、自分のおしりで支えたときに、身体がうまくおさまる場所を探してみると、自分の位置が決まってきます。

手の構え方と指の置き方

　ピアノを弾くときの手の構え方の例えとして、卵を優しくつかむようにと昔からよくいわれますが、必ずしもそのフォームだけがすべてではありません。本来ピアノを演奏するうえでは、指の指紋部分を鍵盤に触れさせて、指は伸ばす感じのフォーム（平べったくした手の形）がよいと考えられています。

　いろいろな構え方がありますが、ピアノをはじめたばかりの人は、指の力もまだ弱いので、最初に説明した「卵を優しくつかむ」フォームでやってみることをお勧めします。

卵を優しくつかむフォーム　　　　　　　　指を伸ばしたフォーム

第5章　楽しくピアノを弾いてみよう！

　まずは、手の形をつくってみましょう。両手の指先（爪に近い部分）と手のひらの付け根（掌底）を互いに合わせてみましょう。そうすると、自然と手の甲が丸くなります。この形が、基本的な形となります。大切なのは、それぞれの指の付け根がへこんでしまわないことです。手の甲の関節は、しっかり指を支える役目をしなければならないので、常に何かをつかんでいるようにイメージするとよいでしょう。

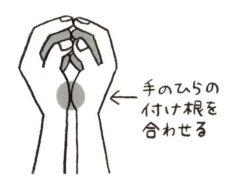

　手の形をくずさずに、そのまま鍵盤の白い部分（「白鍵」という）に、そっと乗せてみましょう。指が白鍵の真ん中あたりにくるように置きます。あまり奥にいきすぎると、黒鍵（黒い鍵）と黒鍵の間の狭いすき間に指が入ってしまい、弾きづらくなります。力まないように、そっと鍵盤の上に指を置いてみましょう。

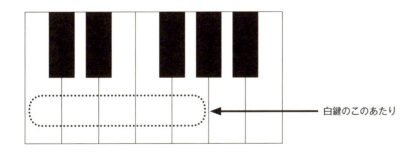

打鍵（タッチ）の仕方

　ピアノの鍵を指で打つことを「打鍵」または「タッチ」といいます。

　身体全体をリラックスさせて、指は鍵の上に置き、腰からのエネルギーが鍵に届くようなイメージで打鍵してみましょう。一般的にピアノの鍵は、1cm弱程度下がるように、調整されているといわれます。鍵をおろすときに、この1cmを意識しましょう。

　ゆっくりおろすと、やわらかく弱い音（p〔ピアノ〕）、速くおろせば、鋭く強い音（f〔フォルテ〕）になります。鍵をおろすスピードによって、強弱や音色が決まってきます。一度音を出してしまったら、もうどんなに鍵を押さえても音は変わらないのです。

　しっかり手の甲で支えながら、鍵をおろしていきましょう。指の力がしっかりしていなければ鍵をおろすという作業すら、難しいでしょう。なるべく最初は、指を動かすことに集中し、指の運動を意識していきましょう。音の大きさも、あまり小さい音で練習するよりは、はっきりとした大きい音で弾いていくほうがよいでしょう。弾くことに慣れてくると、少しずつ強弱にも配慮していきましょう。最初は強いタッチからはじめ、だんだんにやわらかいタッチを修得していけるとよいですね。そうすれれば、だんだんにfとpの対比ができるようになるでしょう。

　指を動かす際に、関節が鍛えられていないと、前項で説明した手の形がくずれてしまいます。指を動かしたときに、手の甲が指よりも沈んでしまわないように気をつけていきましょう。沈んでしまうと、指先に思うように力が伝わらないからです。指の腹の部分（指紋のある場所）を鍵に軽く触れるようにして、指の付け根からしっかり動かすようにイメージをもって弾くようにしていきましょう。

　「座り方について」の項で、身体をやわらかく、力を抜いて自然の構えでというお話をしましたが、演奏しているときは

打鍵（タッチ）

　ピアノの鍵を指で押さえ、下におろすこと。打鍵の仕方によって、ピアノの音色が変わるといわれている。また、打鍵時の騒音（鍵を叩く音）が音色の変化に関係しているという研究結果も報告されている。

---

fとp

　音の強弱を指示する記号。fは大きく・強く、pは、小さく・弱くという意味。

　ただし強弱記号ではあっても、曲調や演奏者によって解釈が異なり、絶対的な音量を指示しているわけではない。

　もともとピアノは、fからpまで、幅広い音量が自在に出せる楽器ということから、「フォルテピアノ」という名前で呼ばれていた。

第5章　楽しくピアノを弾いてみよう！

常に、余分なところでの「力み」をなくして、リラックスした身体でいましょう。どこかに力を入れたままで、弾き続けてはいけません。指や身体の移動が難しくなってしまいます。脱力した状態で一つひとつの音を鳴らしていきましょう。

ピアノのタッチの深い話

ピアノは、鍵を指で押さえれば、誰でもすぐに音を鳴らすことができる楽器です。それなのに、演奏するときの音色は、同じピアノで弾いても、人それぞれ全く異なるのです。どうしてでしょうか。

その答えのひとつとして、タッチの違いが考えられます。

ピアノの鍵を斜め下あたりから見ながら、ゆっくり鍵をおろしてみましょう。鍵はたった1cmほど下がるだけです。しかもこのわずか1cm弱のなかで、さまざまな音を生み出そうとしているのです。

この1cm弱が下がるに一瞬に指からのエネルギーを送る、これをいわゆるタッチといいます。演奏においては、この一つひとつの動作に、どれだけこだわることができるか、どれだけ、その一つひとつのタッチを大切にしていけるかが、カギとなっていきます。タッチの仕方によって、一つひとつの音色が変わり、音が魅力的になっていきます。実際にやってみるのはなかなか難しいことなのですが、ぜひ心に留めておいてほしいと思います。

指使い

次は、指使いです。指使いは、正しく弾くための基本です。指使いによって、フレーズの歌い方や聴こえ方も違ってきます。何よりも指使いを守らないと、指が旋律に対応できなくなってしまいます。合理的な指使いを身につけ、指がスムーズに運べるようにしていきましょう。

ピアノの鍵の数は、とてもたくさんあります。その鍵の上をタコのように10本の指で這っていくのです。そのためには、

いかに無駄のない指使いが必要なのかは、おのずと明らかですね。

　5本の指それぞれに、番号がついています。その番号をしっかり頭に入れておきましょう。右手も左手も親指は、1番です。そのまま小指に向かって順に2番、3番……と続きます。右手と左手を鍵盤に置いたときには、指番号が左右対称となりますね。混乱しないように、右手と左手で同じ指は同じ番号だということを常に頭に置いておきましょう。

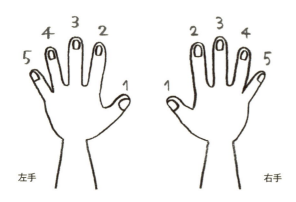

　楽譜にはおおむね、指番号が記載されています。面倒なようでも指番号を守って演奏しましょう。練習のときから、その同じ指番号を使って練習することが大切です。練習のたびに異なる指番号を使っていると、覚えられませんし、スムーズに演奏できなくなってしまいます。最初が肝心です。

　5本ある指のうち、1の指（親指）と他の指とは指し示す方向が違います。さらに4の指（薬指）はとても動きが悪く、他の指とくっつきやすかったり、指が上がりにくかったりすると思います。腕のバウンドや手首の上下運動による勢いに任せて音を出すと、音がふぞろいになりますので、指一本ずつの動きをしっかり意識して動かしているイメージをもって弾くことが大切です。

　自分にとってうまく動かない指や弱い指はどの指なのか確認しながら、指と指がくっつかずに、一つひとつの指が独立して動くようになるまで、練習してください。

指をまたぐ、またはくぐらせる

　フレーズによっては、指が5本だけでは足りないことがあります。その場合は指をまたいだり、くぐらせたりして弾きます。
　たとえば、次の楽譜は童謡《かたつむり》のメロディーです。このメロディーを弾くためには、□で示した部分で人差し指は、親指をまたぐ必要があります。

《かたつむり》文部省唱歌

　次に、右手で「ドレミファソラシド」と弾く場合を考えてみましょう。1の指から順に弾いていくと、5番目の「ソ」の音で指が足りなくなってしまいます。そこで「ドレミ」まで弾いたら、次の「ファ」は、3の指（中指）の下をくぐらせて1の指（親指）で弾きます。こうすれば残りの「ソラシド」もスムーズに弾くことができます。

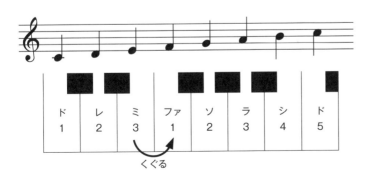

今度は下がる場合です。「ドシラソファ」と下がったら、次の「ミ」は、1の指（親指）をまたいで3の指（中指）で弾きます。そうすると、「ミレド」となめらかに続けることができます。

音階を弾くことに慣れていけば、どの指でまたぐ（またはくぐる）のかが、わかってきます。指がまたぐ（またはくぐる）タイミングに、徐々に慣れていきましょう。

また、なめらかに指をまたいだりくぐらせたりするためには、肘の向きを変えないこと、手首をガタガタ上下させないことが大切です。

先に説明した「ドレミファソラシド」の音階を弾く場合であれば、「ミ」を弾いた3の指（中指）を軸にして支え、1の指（親指）が通る空間をつくってあげます。そのとき、手の甲や手首が浮かないようにしてください。手や腕を鍵盤に水平に保ったまま、指が移動するように心がけるとうまくいくでしょう。どこかの音だけが極端に強くアクセントがついてしまったり、音と音とがなめらかに弾けずにデコボコした音になってしまったりしないように気をつけましょう。

常にリラックスして、楽しんで弾けるとよいですね。

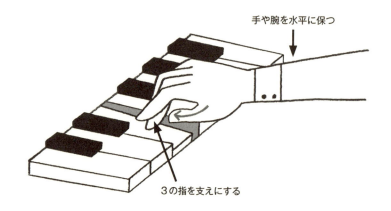

第5章 楽しくピアノを弾いてみよう！

ペダルの使い方

　最初は、ペダルなしで演奏すると思いますが、徐々にペダルを使う場合も出てくるでしょう。ピアノのペダルを見てください。ピアノには2つ、または3つのペダルがあります。アップライトピアノとグランドピアノでは、構造が違うため、ペダルの機能も多少異なりますが、一番よく使用するのは、一番右側のペダル（ダンパーペダル）になります。これはアップライト、グランドピアノの場合も、またペダルの数に関わらず、どのピアノでも同じです。

> **ピアノのペダル**
>
> 　ピアノには、2〜3本のペダルがついている。一番よく使われる右側のペダルは「ダンパーペダル」といい、このペダルを踏むと弦を押さえるダンパーが上がり、音が響くようになる。左側のペダルは「シフトペダル」（アップライトピアノでは「ソフトペダル」）といい、音を弱めるペダルだ。グランドピアノの場合は、音量だけでなく、音色も変化する。
> 　真ん中のペダルは、アップライトピアノでは、「マフラーペダル」といい、このペダルを踏むと、弦とハンマーの間にフェルト製の布がはさまり、音が小さくなる。グランドピアノの場合は「ソステヌートペダル」といい、ペダルを踏んだときに押さえていた鍵の音だけが伸びるようになる。

ピアノのペダル（グランドピアノの場合）

↑
ダンパーペダル

　このペダルは、音を響かせるとともに、音を伸ばす効果があります。また弾いた音を持続させることができるので、音が跳躍する（音と音の距離がある）場合や、なめらかに演奏したい（レガート）、もしくは、効果的な響きをつけたい場合に使います。

　気をつけておくべきことは、音と音をつなげるレガートは、基本的には指だけでおこなうということです。ペダルの使用は、最小限にしましょう。表現をさらに豊かにしたいときだけ、有効にペダルを使いたいものです。

　楽譜には、ペダル記号が書かれていることがあります。「𝄢𝄡𝄞.」でペダルを踏み、「✾」でペダルを離します。「✾」がなく「𝄡𝄞.」

が続く場合は、「Ped.」のタイミングですばやくペダルを踏みなおします。楽譜によっては、⌐┘などで指示されていることもあります。

しかし、ペダルはすべて楽譜に書かれているとおりに使用すればよいかといわれると、そうではない場合もあります。最初は、無理をしてペダルを使うよりは、ペダルを使わずに音楽をつくっていくほうがよいでしょう。またペダルの記号がまったく書かれていない場合もあります。慣れてくると、ペダルを使うタイミングが自然とわかるようになってきます。

ペダルをむやみやたらに使ってしまうと、音があふれて、全体の響きが濁って汚くなってしまいます。「きれいな響き」を求めて、必ず自分自身の耳で確認しながらペダルを使用し

第5章 楽しくピアノを弾いてみよう！

ていきましょう。

　ペダルは右足で操作します。かかとを床につけたまま、土踏まずから先をペダルに軽く乗せます。踏むときは、親指の付け根のあたりを意識して踏むとよいでしょう。かかとが床から離れないように注意してください。

　ペダルを踏むときも、リラックスしたまま踏むように、心がけます。踏むことに集中するあまり、身体が前のめりにならないよう、気をつけましょう。

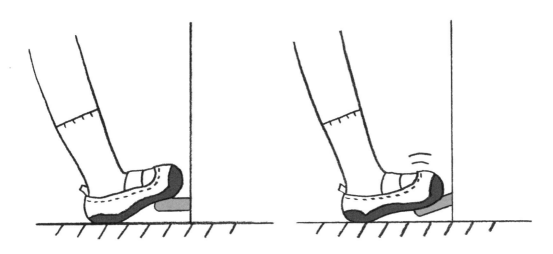

　また初心者は、ついつい打鍵と同時にペダルを踏んでしまうことが多いようです。ペダルを踏まなきゃという気持ちから焦ってしまうと、指といっしょに足が動いてしまうのでしょう。しかしこれはあまりいい踏み方ではありません。最初に、説明したことを思い出してください。ペダルの役割は「音を響かせ、伸ばすこと」です。一度弾いた音を伸ばすためには、まず打鍵して音を出してから、ペダルを踏んでその音を伸ばさなくてはなりません。こうすれば、濁らずにきれいな響きを保つことができます。

まずはゆっくりとていねいに練習してみてください。慣れてくれば、タイミングもつかめると思います。耳できれいな響きや音を確かめながら、足と指のタイミングを覚えていきましょう。

まとめ

ピアノという楽器は、はじめての人にとっては、とても難しい楽器です。しかし、実は長年ピアノを練習してきた人にとっても、難しい楽器なのです。練習はつらいときもありますが、演奏の楽しさを感じられるように、頑張っていきましょう。

ピアノが弾けるようになるためには、地道な努力と練習が必要です。だからこそ、少しでも弾けるようになったときの感動は大きいものです。また一度でもいいので、プロのピアニストの演奏会を聴きに行ったり、DVD や YouTube などでピアニストの演奏を見たり聴いたりしてみてください。そうすると、まるで自分が演奏しているかのように、指や腕を動かしているように感じられるはずです。一度は、このような経験をしてみると、演奏の楽しさに触れることができるでしょう。

保育現場のほとんどに、ピアノが置いてあります。そのピアノで素敵な演奏ができるといいですね。このことは、ピアノが幼児教育にとって重要な役割を果たしていることの表れともいえます。

ピアノは一音一音を大切に

　ピアノの音はどのようなしくみで出るのでしょうか。

　鍵を押せば音は出るわけですが、奏者に見えている側を押すことで、奏者からは見えていない内側が持ち上がります。持ち上がった部分は、さらにピアノの内部のしくみを動かし、いくつかのしくみを通して、硬めのフェルトで包まれたハンマーを動かして内部の弦を叩きます。ピアノが打弦楽器ともいわれる理由も、ここにあります。

　弦の両端はしっかりとピアノの筐体の駒と呼ばれる部品と接していて、そこから、ピアノの響板（グランドピアノならピアノの底の部分、アップライトピアノならピアノの背の部分です）に振動が伝わります。ハンマーが弦を叩いただけでは、さほど大きな音にはなりませんが、弦だけでなく響板が響くことで大きな音が出るのです。もちろん、響板以外の部分にも振動は伝わっていますから、ピアノの響板を中心にして、楽器全体で音が鳴っているといっても過言ではありません。

　ピアノは、鍵を押せば、誰でも音を出すことができます。鍵もドレミ……の順に並んでいてわかりやすいので、簡単に旋律を弾くことができます。そうなると、適当に鍵を叩いているだけで、なんとなくピアノが弾けている気分になって、ピアノを弾くことがとても簡単なことのように思われます。誰でも音を出すことができる手軽な楽器ということもできるでしょう。

　しかし、鍵を押して音を出すという当た

り前の行為の裏で、ピアノの内部では、たくさんのしくみが動作して音を出しているのです。そのしくみは実によくできていて、鍵の押し方などで音色が変わってきます。ぐっと強く押せば大きな音、そっと押せば小さな音が出て、音量も自在に変えられます。その押し方のことを「タッチ」といいます。ピアノは、私たちの要望（タッチ）に応えて音を奏でてくれているわけです。ピアノは、さまざまな音量や音色で、私たちの要望に応えてくれる奥の深い楽器なのです。

　ここでは、タッチの深い話にまでは触れませんが、皆さんもぜひ、ピアノを弾くときには、その内部でいろいろな働きがあること、弾く瞬間にハンマーが動いていることを感じながら、「音」を出してみてください。誰でも簡単に「音」が鳴らせる楽器だからこそ、「音」がすぐに鳴ってしまうからこそ、その「音」を大切にしてほしいと思います。そして、「音」への対し方や、自分にしかできないピアノ演奏を探求していきたいものです。

　ピアノは、その人の技量や表現、演奏のときの気持ちなどが出やすい楽器だといわれています。逆にいえば、自分自身や技術などを磨いていけばいくほど、豊かで芸術性の高い音色を奏でることができるのです。自分にとってどんな音が心地よいのか、ときには自分の弾いている音をじっくりと聴きながら音を出してみましょう。

第6章　弾き歌いへのチャレンジ

渡辺　行野

弾き歌いはどうして必要なの？

　歌唱とピアノについて、少しずつ理解が深まってきたでしょうか。でも、いざピアノを弾く、歌を歌うとなると……　「ピアノは苦手、ピアノを弾かなければいけないのか……」と思ってしまう人は、たくさんいることでしょう。ましてや弾き歌いともなると、「歌いながらピアノを弾くなんて、無理！」と思ってしまう人もいますよね。

　実際の指導の現場にいると、やはりピアノに対して苦手意識をもっている人に多く出会います。ピアノは難しい、と思っている人や、まだ弾くことにチャレンジすらしていないのに、いざピアノを前にすると拒否反応を起こしてしまう人たちが多いようです。

　ピアノは少しずつ練習していけば、必ず弾けるようになります。「そんなことといっても、自分には無理。弾けるようになるわけがない！」と思いこんでいる方も多いかもしれません。しかし、プロのピアニストをめざすわけではありませんので、毎日少しずつ練習することで、幼児教育の現場で最低限必要とされるレベルでのピアノは弾けるようになるものです。

　また、弾けるようになったときは、このうえなくうれしいものでしょう。「やればできる」という努力の成果として、自

> **弾き歌い**
> 　歌唱と伴奏を分担せずに、同じ人が伴奏楽器（ピアノ）を弾きつつ、歌も歌うこと。幼児教育の現場では、子どもの様子を見ながら、ピアノの伴奏を弾き、元気よく歌ってあげること、弾く・歌うの両方が大事だ。

第6章　弾き歌いへのチャレンジ

分のレベルの向上や進歩も、必ず実感できますし、次なる努力の励みになるでしょう。難しい曲も弾けるようになるでしょうし、好きな曲も弾けるようになります。まずは少しずつトライしていきましょう。

ピアノを弾くだけでも大変なのに、なぜさらに難易度の高い弾き歌いをすることが大事なのか、という疑問は当然あるかと思います。その答えは、幼児の気持ちになって考えてみると、見つかるのではないでしょうか。

実のところ、ピアノの伴奏がなくても歌える歌はたくさんあります。小さな子どもが大好きな手遊び歌、わらべうたなどは、ピアノの伴奏がなくても、遊びを通して歌うことができます。また、一人で歌う曲から二人組で歌う曲、みんなで歌う曲へと、歌の進歩に合わせて人と人とがつながり、子どもの発達段階に合わせて、歌う曲も徐々に変化していきます。歌う人数が増えれば、ピアノの伴奏があることで、タイミングを合わせていっしょに歌いやすくなるでしょう。子どもたちの歌の進歩とともに、大好きな先生のピアノ伴奏がタイミングよく入ってくれることは、子どもたちにとって、とてもうれしいことなのです。

> **手遊び歌**
> 歌に合わせて手や指をうごかして遊ぶ歌。《ゆびのはくしゅ》、《むすんでひらいて》、《やきいもグーチーパー》などがある。

> **わらべうた**
> わらべうたは、子どもたちによって歌われた日本の伝承的な遊び歌であり、からだの動きを伴いながら、唱えながら歌われる。わらべうたの旋律は、言葉の抑揚に大きく影響しており、その抑揚は地域によってもさまざまだ。昔からその地域ごとに伝承してきた独特のものなので、同じ曲であっても、場所によって微妙にニュアンスが異なるといった面ももっている。旋律は、5音の音階でできているものが多く、2音や3音のみで歌われるものもあるので、簡単でかつ覚えやすい曲になっている。日本の多くの子どもたちがわらべうたを歌い、日々の生活に彩りを添えてきた。

子どもたちが生活する環境には、音楽が関係してくる場面がたくさんあります。お遊戯の時間では歌やピアノがとても大切になってきますし、さまざまな行事でも歌ったり音楽が登場したりする場合があります。子どもの生活する環境で、ピアノをうまく使用していけると、子どもにとってとてもうれしい場面がたくさん出てくるのです。つまり、音と人とがつながっていく環境のなかに、自然とピアノという楽器も存在し、いつの間にかピアノが大きな役割を担っているわけです。

　実際の教育現場がイメージできないと、ピアノを練習したり、弾き歌いを練習したりする意欲も生まれにくいと思います。ですから日ごろから、自分自身が保育士や幼稚園教諭になったときのことをイメージして、子どもたちの笑顔を思い浮かべながら、ピアノや弾き歌いの練習には熱意をもって取り組んでほしいと思います。

練習の方法（1） メロディーを歌う

童謡《どんぐりころころ》を例に、弾き歌いの練習をはじめてみましょう。

歌うこと、ピアノを弾くことにだいぶ慣れてきたとしても、いざ弾き歌いの場面になると、ふたつのことを同時にするのは、やはり大変です。焦らず、一度にすべてのことをしようと思わずに、手順を踏んで、ていねいに練習していくことが大事です。

メロディーをゆっくり弾き、そこに歌詞を入れて歌ってみます。

①歌詞を読んでみる（イメージづくりもいっしょに）

　　　どんぐりころころ　どんぶりこ
　　　お池にはまって　さあ大変
　　　どじょうが出てきて　こんにちは
　　　ぼっちゃんいっしょに　遊びましょう

　　　どんぐりころころ　よろこんで
　　　しばらくいっしょに　遊んだが
　　　やっぱりお山が　恋しいと
　　　泣いてはどじょうを　困らせた

②メロディー部分のみ音符を読む
③メロディーを右手で練習

④右手でメロディーを弾きながら、メロディーをドレミで歌う

⑤右手でメロディーを弾きながら、歌詞をつけて歌ってみる

　このような練習を何回か繰り返してみましょう。

　さあ、ここまでできたら、少し歌に力を入れていきましょう。気持ちよく、伸び伸びとした声で歌えていますか。

　呼吸はどうでしょう。
　たっぷり吸って大きく吐くことができていますか。
　フレーズを理解して呼吸できているでしょうか。
　フレーズの山はどこか、それに伴い表現や強弱などをつけて歌えていますか。

　このようなことを確かめながら、まずは歌をしっかり歌えるようにしていきましょう。しっかり音程を取っていくためにも、メロディーをピアノで弾きながら歌えるようになりましょう。繰り返し練習することで、右手でメロディーを弾きながら歌詞をつけて歌えるようになるはずです。

練習の方法（2） 伴奏を片手ずつ弾く

　いよいよ弾き歌いのなかでも大切な伴奏に入ります。
　先ほど練習した右手のメロディー部分ではなく、楽譜の伴奏部分の右手（伴奏譜の上段）から順に、片手ずつ練習していきましょう。でも実際に弾いてみると、多くの曲が、伴奏部分の右手とメロディーが同じ旋律であることが多いはずです。難しく考えずに自信をもって取り組んでみてください。

①伴奏部分の右手（伴奏譜の上段）の音符を読んでみる
②伴奏部分の右手のみを弾いてみる

③伴奏部分の左手（伴奏譜の下段）の音符を読んでみる
④伴奏部分の左手のみを弾いてみる

　これらを何回か繰り返して練習しましょう。

練習の方法（3）　歌いながら伴奏を弾く

　熱心に練習を進めてきた皆さんは、もう両手で弾いてみようかなと思ってしまうぐらい、上達してきているかもしれません。ですが、うまく弾き歌いができるようになるためには、両手で伴奏を弾く前に踏んでおくステップがあります。このステップをていねいに練習することが大切です。
　一般的には、正しい音の高さで歌詞を歌えるようになるには、まずドレミで歌ったほうが効果的ですので、まずはドレミで、次に歌詞で、練習するといいでしょう。

①伴奏部分の右手（伴奏譜の上段）を弾きながら、歌をドレミで歌う

②伴奏部分の右手（伴奏譜の上段）を弾きながら、歌を歌詞で歌う

③伴奏部分の左手（伴奏譜の下段）を弾きながら、歌をドレミで歌う
④伴奏部分の左手（伴奏譜の下段）を弾きながら、歌を歌詞で歌う

これを何回か繰り返します。

⑤ピアノ伴奏だけを両手で弾く練習をする

ここでは、とにかく両手で弾く練習をしてみてください。

練習しているうちに、右手と歌、左手と歌が修得できてくるはずです。そして、両手でピアノ伴奏が弾けるようになってきたら、あとは最後のステップ、弾き歌いのチャレンジです。

練習の方法（4）　弾き歌いをする

ここまでの練習で、歌詞はほぼ完璧に覚えていると思います。歌詞の言葉づらを追わなくても十分歌えるはずです。両手の伴奏と歌詞をつけて、弾き歌いを試してみてください。（次頁に譜面を掲載しました。）

《どんぐりころころ》青木存義作詞・梁田貞作曲

　さあ、どうだったでしょうか。できましたか？
　初心者の方が、1曲でも弾き歌いができたときは感動すると思います。練習をはじめるまではうまくできるかどうか不安だったかもしれません。ここで説明した方法で辛抱して努力すればピアノは弾けるようになるはずです。もちろん、弾き歌いもできます。諦めずに頑張ってみましょう。とにかく、練習の仕方が大切です。
　一度このやり方を身につけてしまえば、次からは修得もどんどんと早くなることでしょうし、次々といろいろな曲にチャレンジしていけるはずです。1曲ずつ自分自身の弾き歌いできる曲が増えていくと、楽しさも倍増するでしょう。

第6章　弾き歌いへのチャレンジ

弾き歌いで気をつけること――音の存在を大切に感じること

　少しピアノに慣れてくると、楽譜に集中するあまり、音を
聴かずに音楽を進めてしまうことがあります。童謡などの子
ども向けの歌では、旋律もとても簡単でシンプルなフレーズ
である場合が多いですが、そのような場合であっても、一つ
ひとつのフレーズを大切に扱うこと、自分自身が鳴らしてい
る音をしっかり聴いて、良い音を出すことが大切です。

　こうしてフレーズを大切にして、イメージをふくらませ、
気持ちを込めて弾き歌いをしましょう。先生が何も考えず、
楽譜だけを追いながらピアノを弾いてしまいますと、その雰
囲気は子どもたちにすぐ伝わってしまい、子どもたちもただ
声を出しているだけというような状態にもなりかねません。

　昔、ピアノ初心者の教育実習に立ち会ったことがあります。
その実習生は、ピアノ伴奏を間違わないようにすることだけ
に注力するあまり、子どもたちの様子に気を配ることをすっ
かり忘れてしまいました。その結果、ピアノ伴奏は順調に進
んだのですが、徐々に子どもたちの注意が散漫になり、騒が
しくなってしまったのです。先生が楽譜だけに気を取られて
音楽そのものを大切にしていないと、子どもたちも音楽に集
中できないわけです。実技面を高めていくと同時に、意識の
もち方にも目を向けていきましょう。

　意識のもち方には、以下の３つがあります。

①音に対する意識のもち方
　・音へのイメージを明確にもつ
　・耳をすませて常に音を聴く

②内面にある感情の動きに対する意識のもち方
　・音の動きやフレーズを感じる
　・身体をやわらかくして、感情の表出に、常にすばやく対
　　応できるように心がける

87

③表情や表現に対する意識のもち方
　・音だけでなく、顔や身体でも表情豊かに表現する
　・音楽に適したていねいな表現を心がける

　子どもたちの一つひとつの活動について、その意味を大切にしていくためにも、まずは自分自身の表現をていねいに表出していくこと、そして、ただ表現するのではなく、そこにある意味を必ず見出して演奏をおこなうような意識をもって弾き歌いも頑張っていきましょう。

弾き歌いの上達のために心がけておくこと

　さて、前の章でも少し触れましたが、曲目や練習の仕方によっては、何度練習しても弾けるようにならないことがあるかもしれません。大切なことは、練習している時間の量ではありません。時間を大切にして、焦らず実のある練習にしていきましょう。
　「時間がなくて……」という方もいるかもしれません。そういう場合は、ちょっとした時間を上手に使ってみることも大事です。たとえば、音符を読むのは電車のなかなど、鍵盤の前にいなくてもできることはあるはずです。短い時間を有効に活用しましょう。
　日ごろから次のようなことを意識しておくと、ピアノの上達につながります。

①楽譜を読む力や、読むスピードを向上させていくこと。
②いつも決まった指使いで練習して、指使いを定着させておくこと。（指使いが毎回違ったり、指番号の異なる楽譜で練習していたりすると、上手に弾けるようになりません。これは大切なことなので注意してください）
③歌をいつも歌っていること。（こうすれば、子どもたちの歌をたくさん知ることにもつながります。童謡などは、歌詞が5番まであったりします。日ごろ、歩いているときなども、

88

歌詞を頭のなかに浮かべながら、心のなかで歌っておくと
よいでしょう）

④指を動かす力を強くすること。（指番号と音の一致や、右手・
左手を同時に動かすことへの慣れも、筋肉の訓練と関わっ
てきます。指にもたくさんの細かい筋肉があるので、こま
めに指を動かす習慣をつけることが大切です）

　これらを意識して生活のなかにも取り入れていきましょう。
毎日ほんの少しの時間でもいいので、指を動かすようにする
こと、1日1回でもいいのでピアノを弾くようにすること、
全力で声を出して歌うようにすることなどを、心がけていき
ましょう。

子どもの前での自分をイメージする

　弾き歌いの練習に慣れてきたら、徐々にイメージトレーニ
ングをおこなっていきましょう。日ごろから、子どもたちの
前で弾き歌いをする自分をイメージしながら、弾き歌いの練
習ができるとよいと思います。子どもたちがまだ知らない曲
を、見本で歌ってあげる場合、どのような表現が必要となっ
てくるのか、顔の表情はどうするか、言葉の発音、フレーズ、
曲想の表現などはどうすればよいか、今まで意識してこなかっ
たいろいろなことが見えてくることでしょう。
　いっしょに歌う場合に、先生は子どもたちの前でどのよう
に弾き歌いをおこなえばよいでしょうか。子どもたちは、自
分の周りにいますか？　どのように並んでいますか？　座っ
ていますか？　立っていますか？　何歳児ですか？　そう
いったさまざまな場面設定を考えたうえで、先生としての対
応も考えていくことが大切になります。
　ただ座って弾き歌いをするだけでなく、立っていっしょに
歌うことも、多々あることでしょう。私もそうでしたが、実
際にピアノの椅子は、使わないときのほうが多いと思います。
なぜかというと、子どもたちのほうへ視線を向けて、身体を

> **イメージトレーニングをする**
> 　自分が成功している（保育者
> になっている）イメージをもつ
> ことで、その成功までの過程（プ
> ロセス）に対して、見通しや高
> いモチベーションをもつことが
> できる。

ねじったり動かしたりしなければならないことが、頻繁にあるからです。そのためには、立ちながら弾いたほうが便利なのです。どんな姿勢でもピアノが弾けるように慣れておく必要もあります。当然、視線は子どもたちに向けてあげてください。実際の場面では、子どもたちの表情を見ながら、先生も大きな声で歌っていきます。

　練習も最初のうちは、楽譜に釘づけだったと思います。しかし、実際の現場では歌う・弾くというふたつのことを進めながら、さらに子どもの状態を把握したり、一人ひとりの幅広い表現力を引き出したりするなど、やることが増えていきます。何のための弾き歌いなのかという原点に立ち戻ると、今までの弾き歌いの練習だけでは足りないことにも気づくはずです。

　もちろんこうした技能は簡単に修得できるようになるものではありません。子どもたちとの活動をイメージしながら、日々少しずつでもいいので、練習を続けていきましょう。そうすることで、少しずつ着実に身につくことがあるはずです。それらは、いざ現場で子どもたちの前に立ったときに必ず役立つことでしょう。

第6章　弾き歌いへのチャレンジ

　指導者になれば、常に自分自身の技量を向上させていくことが求められます。しかし、一番大事なことは、子どもたちの成長です。その子どもたちの生活や学習のための空間をどうつくるのか、飽きさせないような楽しませ方や動き、歌詞を覚えるための工夫、身振りや手振り、身体表現、絵を描くなど、活動のなかの音楽ということに、工夫や広がりをもたせていくことが大切です。

　弾き歌いは、子どもたちの活動の大切な一部です。音楽活動を、それ以外の領域とも関連させながら、幼児教育の意味を、しっかりと学んでいくことが大切です。そうすることで指導のとらえ方や考え方が変わっていきます。技術の向上をめざしながら、実際に活用していける弾き歌いを自分自身のなかで考え、深めていきましょう。

歌の種類とその特徴

　現場で使用する歌は、古い曲から新しい曲までいろいろありますが、場面や状況に応じて有効に使い分けていきましょう。

①毎日生活の一部として歌う曲
②行事に関連して歌う曲
③日本の四季折々が感じられる歌
④身体を使った歌や遊びを通した歌
⑤活動のなかで有効的な曲

　こうしたものの他にも、最近では、手話つきの歌、表現につながるもの、生活と関連づいたものも多く見られます。絵本などと関連している歌も増えていますから、いろいろな絵本を知っておくことも大事です。たくさんの歌を知っておくことが求められます。

　今回は、大きく5つの場面を例示して、参考となる歌名を示しておきます。

91

①生活の一部として歌う曲	
朝のうた お帰りのうた おはようのうた おべんとう	きょうがきた さよならのうた せんせいとお友だち ハッピーバースディ

②行事に関連して歌う曲 ③日本の四季折々が感じられる歌			
春	うさぎ うれしいひなまつり おぼろ月夜 思い出のアルバム かたつむり こいのぼり さよならぼくたちのようちえん ちょうちょう 春が来た ふるさと ぶんぶんぶん めだかの学校	秋	たき火 小さい秋みつけた どんぐりころころ とんぼのめがね まっかな秋 まつぼっくり 虫のこえ もみじ やきいも 夕焼け小焼け
夏	アイスクリームのうた うみ おばけなんてないさ しゃぼん玉 たなばたさま ピクニック 水あそび	冬	赤鼻のトナカイ 荒野のはてに あわてんぼうのサンタクロース お正月 サンタクロースがやってくる ジングルベル 冬げしき 豆まき 雪 ゆきのペンキ屋さん

第6章　弾き歌いへのチャレンジ

④身体を使った歌や遊びを通した歌（わらべうた）	
あんたがたどこさ	げんこつやまのたぬきさん
いっぽんばし	ずいずいずっころばし
おちゃらかホイ	なべなべそこぬけ
お寺のおしょうさん	

④身体を使った歌や遊びを通した歌（からだ遊び歌）	
アイアイ	手をたたきましょう
あくしゅでこんにちは	ねこふんじゃった
頭かたひざポン	バスごっこ
アンパンマン体操	パンダうさぎコアラ
アンパンマンのマーチ	ひらいたひらいた
大きなくりの木の下で	むすんでひらいて
こぶたぬきつねこ	山の音楽家

⑤活動のなかで有効的な歌	
あめふりくまのこ	ぞうさん
ありさんのおはなし	太陽がくれた季節
一年生になったら	ダニーボーイ
犬のおまわりさん	楽しいね
宇宙船のうた	手のひらを太陽に
大きな古時計	とけいのうた
おつかいありさん	ドレミのうた
おどろう楽しいポーレチケ	とんでいったバナナ
おなかのへるうた	どんな色がすき
おもちゃのチャチャチャ	にじ
カレンダーマーチ	はたけのポルカ
切手のないおくりもの	はをみがきましょう
きらきら星	ふしぎなポケット
子どもの世界	ぼくたちのうた
すうじのうた	みんなともだち
せかいじゅうのこどもたちが	森のくまさん
線路は続くよどこまでも	やぎさんゆうびん

93

生活（子どもの活動場所）のなかに「いつも自然と歌があるような空間」をイメージできるとよいですね。一人ひとりの子どもに、言葉を投げかけてあげたり、歌ってあげたりすることは大切なコミュニケーションのひとつです。いろいろな知識や経験がまだ少ないなかで、一つひとつの刺激が子どもを成長させていきます。手遊び歌やからだ遊び歌では、子どもの近くにいること、もしくは身体が触れ合うような安心感が求められます。そこから発展した仲間とのコミュニケーションでは、ピアノの効果音がより心地よく、充実した刺激となるはずです。

　歌を歌う段階になって、気持ちよさそうに子どもたちが歌っている姿が見たいですね。歌うことや、コミュニケーションを通して、心地よさや安心感が生まれます。歌を歌うときは、一人ではなく誰かといっしょにその歌声を共有している（互いを受け止めている）快感が、次なる歌を歌う喜びや楽しさ、うれしさにつながっていきます。歌声を通しての関わりが、人と人との信頼関係にも発展していくのです。歌声を聴き合うこと、ともに歌うこと、先生と子ども、子どもどうし、その空間のコミュニケーションが深まることによって、歌うということの意味を体感し、仲間といっしょに歌うことの意味を見出し、その歌をまた誰かに届けようとすることにもつながっていきます。

　幼児期はとても大切な時期です。だからこそ、指導者として関わる人が、まずは歌が好きであることが大事です。そして、ピアノを活用して、子どもたちが歌う楽しさを体験し、子どもたちをよりよく成長させていきましょう。そしてそこには、指導者としてどのように歌を歌い、どのような表現をさせていくのかのビジョンをもっていくことが求められます。自分がどのように弾きたいのか、何を子どもたちに伝えたいのか、そのためにどのように弾き歌いをするのかということをいつも念頭に置き、自分なりの表現が続けられるとよいですね。

　ピアノで子どもたちの笑顔をつくり、音楽の魅力へ誘っていきましょう。それが、子どもたちにとって魅力ある先生な

のです。

　子どもたちは、そんな先生を見て、先生のように歌いたい、ピアノが弾けるって素敵なことだなと感じることでしょう。このようにして、1年を通じて子どもたちと向き合っていきます。そのための素材として、季節や行事の歌をそれぞれ数曲は、自分の得意な曲として練習し、身につけておくとよいでしょう。

実際に活用する場面で

　子どもたちの表情を常に見て弾き歌いをしましょう。たとえば、朝の歌を歌うとき、「〇〇君、今日はいつものように元気がないな」「〇〇ちゃんの顔色がよくないな」など、いつもの元気だった表情から違う表情を見つけたときに、もしかすると何か嫌なことがあったのかな、体調が優れないのかな、など、子どもたちの表情から細かい変化にも気づくことができます。また、昨日より元気に歌っている、もしくはいつも固くなって歌っていたのが、今日は身体を揺らして歌っている、身体でリズムを刻みながらノリノリで表現しているなど、子どもたちの日々の成長を発見することもできるでしょう。

子どもたちは、いつも先生を見ています。歌を歌うときも先生の表情を見ていますので、先生も自分を見てくれているという安心感が、子どもたちにとってうれしいことです。また、先生と目が合ったときに、歌いながら微笑んであげることも、子どもたちの歌う意欲や元気を何倍にも増していくことでしょう。だからこそ、子どもたちの気持ちや表情を大切にしましょう。

　次に、場面ごとの援助（活動を支えるための指導）に関することです。歌を弾き歌いで歌うときにも、CDに録音された伴奏を使用すると教育的にも効果的です。子どたちは先生の伴奏とは違った音楽で歌うことができますし、先生のほうは子どもたちの歌を集中して聴くことができるからです。しかしその場合に、先生の演奏（弾き歌い）とCD演奏を、時と場合に応じて、使い分けることに留意しておくことが大切です。

　また、CDのテンポと実際目の前にいる子どもたちの呼吸やテンポが合わないことが、多々あります。当たり前ですよね。今、目の前にいる子どもたちが、この場で音楽を生み出しているわけですから。目の前にいるその子どもたちの呼吸、そのときの状態を常に大事に考えていきましょう。子どもたちは、最初から速いテンポで歌えるわけではありません。

　練習すれば、だんだんとより速く歌いたくなるかもしれません。歌えていないところ、苦手なところは、その部分だけ、もう一度練習したいことも出てくるでしょう。今述べてきたような状況では、やはり先生のピアノ、先生の弾き歌いのほうが当然よいわけです。子どもたちの今に寄り添い、この場面では何が必要なのか、そのときに必要な手段と方法がすぐに使えるようにしておく環境づくりも先生の大切な仕事であり、準備なのです。

　どんなに練習して子どもたちの前に出ても、どうしても弾けなくて、止まってしまいそう、間違えてしまいそう……、ということもあるでしょう。ここで、一番大切なことは、音楽の流れを止めないことです。もし間違えてしまったとしても、音楽の柱となる、左手の伴奏のみは続けていくことが大

96

事です。逆に、伴奏がスムーズに進まなくて止まりそうになっ
たときは、右手のメロディーだけは残して、元気いっぱいに
先生もいっしょに歌い続けます。とにかく、音楽の流れを止
めずに進めることが大切です。

　せっかく子どもたちが気持ちよく歌っていても、先生の都
合で流れを止めてしまうのは、あまりにも残念です。声だけ
でも、ピアノの片手だけでも大丈夫ですから、音楽の流れを
残してください。

　楽譜に書かれている音楽を忠実に弾いていくことは必要で
すが、どうしても演奏が追いつかない場合は、コードで伴奏
したり、もしくは楽譜上のたくさんの音から、大事そうな音
のみを残し、全体の音を減らして演奏することも考えられま
す。

　要するに、先生がどれだけ上手に演奏できるかではなく、
子どもたちがよりよく歌が歌えること、そして、その音楽で
もって自分を生き生きと表現できるのかが大切なのです。何
を大切にして歌わせたいかを、いつも意識していられるとよ
いですね。

弾き歌いの可能性

　幼児教育は、遊びやそれぞれの領域が補完し合って成立し
ています。音楽領域も、他の領域と常につながっています。
生活の一部分、つまり、生活そのもののなかに存在している
といっても、過言ではないでしょう。たとえば、造形や環境
などの活動といっしょに、歌を発展させていく機会があると
よいと思います。

　梅雨の季節となって、雨が続き、今日も雨……。そんな日
は、梅雨の季節を感じる音楽活動がよいでしょう。雨の音を
聴いてみましょう。雨でも、いろいろな雨がありますね。ザー
ザー雨やシトシト雨の音、ポツポツ雨が響く水たまりの音な
ど、雨でもいろいろな音を聴くことができます。

　雨が垂れていく葉っぱ、雨が降っていくことできれいに見

97

えたり、喜んでいたりする植物や動物もいますね。きれいに彩る紫陽花の花、そこにいるのはカタツムリ、カタツムリはどんな風に動いているのかを身体で表現したりしてみましょう。そして、《かたつむり》の歌を歌ったり、紫陽花の花を折り紙でつくったり、絵で描いてみたり、いろいろな活動とリンクさせながら、そこに音楽が存在している状況を生み出すのです。

　雨の時期には、絵本の読み聞かせをしてもいいかもしれません。童謡「あめふりくまのこ」は絵本にもなっていますので、絵本と歌をつなげてみることもできます。雨が上がったら、どんな「虹」が見えるだろうか、といった具合に、どんどん活動が広がっていくのです。そのなかで歌やピアノの効果、弾き歌いの意味を見出していけるのです。イメージをふくらませながら、ぜひ自分自身の弾き歌いの表現を向上させていってください。

子どもたちは、遊びのなかから生きていくために必要な力をさまざまな経験を通して学びます。そして、そのさまざまな経験は音楽との関わりも深く、さらに音楽は人の心に直接響く力をもっています。手遊びや身体遊びは、子どもの身体のみならず精神や感情ともバランスをもった発達を支えます。声についての章（第5章）で、「おはよう」ひとつでも、そのときの気分によって声の抑揚が変わることを説明しました。

歌うことが苦手な人であっても、音楽の力は日々の練習によって身についていくものです。歌うコツを知り、何度も歌っていくこと、音楽経験を重ねていくことで、うまくなっていきます。たくさんの音楽経験を重ねていってください。そして、それらの経験で先生自身が感じたことを、弾き歌いのなかで発揮してみてください。そのときにはきっと、皆さんが努力して得たピアノの力も助けになって、子どもたちといっしょに素敵な歌が響き渡ることでしょう。

あなたはいつも、どんな顔をしていますか？　自分を客観的に見てみましょう。先生も人間ですからいろいろな状況はあるはずです。ですが、子どもたちの立場になって考えてみると、子どもたちの前に先生が登場するときには、やはり笑顔であり、子どもたち一人ひとりへの愛情をもった接し方がいいのは、いうまでもありません。

まとめ

弾き歌いは、ピアノがかなり弾ける人でも難しいと思います。しかも伴奏のときも同じですが、子どもたちのほうを見て、反応を確かめながら演奏しなくてはならないから余計に大変です。ピアノをはじめたばかりの人にはなかなか難しいかもしれませんが、長い時間をかけて練習していただければと思います。その苦労は必ず報われるはずです。音楽そして子どもたちは、先生の努力を裏切ったりはしません。

第7章　現代日本における幼児教育の課題

久保田　慶一

待機児童の問題

　2016年2月に「はてな匿名ダイアリー」に投稿されたブログが、衆議院予算委員会で取り上げられ、大きな社会問題になりました。子どもが保育園の入園選考に落ちてしまった30代の母親が、窮状を訴えたブログでしたが、ブログに綴られた言葉「保育所落ちた、日本死ね！」が、大きな反響を呼んだのです。またブログが匿名であったことを理由に、政府がその訴えを真摯に受け止めなかったことから、待機児童問題が国民世論の関心をひきました。このブログの言葉は、その年の流行語大賞に選ばれ、さらに問題が再燃したわけです。

　夫婦で共稼ぎをしたいと思っても、あるいは一人親であったりした場合、乳幼児を保育園に預けないと、働きに出られません。ところが保育園の数や収容定員が足りないために、乳幼児を預けられない人たちが大勢いるのです。

　厚生労働省によると、2017年4月1日時点での待機児童数は26,081人だったが、0歳児を中心に年度途中の申込みが増加し、2017年10月1日の待機児童数は55,433人となっています（2016年10月1日時点と比較し、7,695人増加）。待機児童のいる市区町村は420にのぼるそうです。最も待機児童が多い自治体は東京都世田谷区で、2018年10月現在で910人で

保育園には2種類ある

　保育園には、認可保育園と認可外保育園がある。前者は国が定めた基準を満たして、都道府県知事に「認可」された保育園である。後者は、国の認可基準を満たしていなかったり、基準を満たしていても、なんらかの事情で認可されていなかったりする保育園である。保育園は正式には「保育所」という。

保育園に子どもを預けるには

　認可保育園の場合、保護者二人が働いていたり、病気などで保育ができないなどの条件があり、入園の条件は厳しくなっている。認可保育園の入園が認められない場合は、認可外保育園に子どもを預けることになる。しかし条件は厳しくないが、保育料が高いという難点がある。

待機児童問題

　「待機児童」とは、認可保育園の入園に応募したが、入園が認められなかった児童のこと。入園が認められないと、特に母親が働くことができず、出産後に女性が職場に戻ることを妨げる要因になっている。子どもができると働けなくなるということで、少子化の原因にもなっている。

した。

　子どもが預けられないと、働くことができません。また預ける保育園があっても、保育料が高いと、何のために働くのかもわからなくなってしまいます。特に一人親の場合は、深刻です。親の収入が減れば、経済的に貧しくなります。また親であると同時に、一人の社会人として、社会で職業を得て人生を送ることもできなくなってしまいます。結局のところ、親も子どもも人間らしい生活が送れなくなってしまうのではないでしょうか。

　待機児童を解消するには、保育園を建設し、保育士の待遇を改善し、多くの若者が保育士になり、そして長く誇りをもって仕事が続けられるようにしなくてはなりません――つまり現状は保育士の人たちも、誇りをもって職業人として生きていくことが、困難な状況にあるわけです――。しかし近隣住民の反対で保育園が建設できなかったり、国や自治体からの支援も少なかったりして、保育士の待遇改善も一部の自治体に限られ、全国的にはまだまだのようです。

幼児の貧困問題

　「貧困」というのは、「貧しくて困っている」状態をいいます。アフリカの諸地域では、内戦や自然災害で食べ物が不足して、多くの人々が飢餓状態に置かれていることが、しばしば報道され、国際問題になることがあります。このような状態は「絶対的貧困」と呼ばれています。今の日本には、このような「絶対的貧困」に陥っている人は、あまりいないのではないでしょうか。

　今の日本の社会で問題になっているのは、「相対的貧困」と呼ばれる状況や「相対的貧困率」の高さです。相対的貧困率というのは、「等価可処分所得（世帯の可処分所得を世帯人員の平方根で割って調整した所得）の貧困線（中央値の半分）に満たない世帯員の割合」です。これをもう少し簡単にいうと、ひとつの家庭で生活費などに実際に使えるお金全体を、少な

> **保育園建設反対運動**
> 　待機児童を少なくするために、行政は保育園を建設しようとするが、建設される場所の近隣住民の理解が得られずに、建設できないというケースが報告されている。子どもたちの声がうるさい、送迎の車が増えて騒音や安全が脅かされるというのが反対の理由である。社会全体で子どもを育てるという考えを共有する必要がある。

101

い家庭の順に並べたときに、中央に位置する家庭が使える金額の半分以下のお金で生活をしている家庭の割合を意味します。子どもの「相対的貧困率」といった場合、そのような状況にある子ども（17歳以下の者）の割合を示したものです。次のグラフからわかるように、相対的貧困率とともに子どもの貧困率も年々上昇していて、2015年には15.6％と少し低くなりましたが、依然として6人の1人が「相対的貧困」の状況にあります（図1）。

> **子どもの相対的貧困率**
> 2015年の相対的貧困率が15.6％であったことは、本文でも述べたが、35の先進国のなかでは、8番目の高さである。つまり、下から8番目ということである。国内総生産（GDP）が第3位にある日本であるのに、相対的貧困の状況にある子どもが6人に1人という数字は、経済的な格差が広がっていることを示している。高収入の人には多くの税金を納めてもらって、低収入の人に「再配分」していく社会のしくみが、うまく機能していないわけである。子ども本人には責任がない経済的状況の差によって、受けられる教育に差が生じるという状況は、格差を再生産していることに他ならないであろう。国の抜本的な対策が求められている。

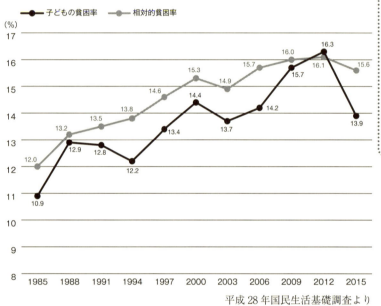

図1　相対的貧困率の推移（1985-2015）

平成28年国民生活基礎調査より

　また図2のグラフからわかるように、ひとり親の家庭の相対的貧困率も、2015年に50.8に減少しましたが、やはりいまだに半分の家庭が「相対的貧困」の状況にあります。

　さらに図3のグラフには、父親あるいは母親の年齢別に、子どもの貧困率が示されていますが、親の年齢が20歳代である家庭の貧困率が高くなっています。ある研究（2011年）によれば、貧困率が最も高い年齢層は5歳未満の子どもであるということも、明らかにされています。このことは、子どもがいるかどうかに関わらず、20歳代の人たちの貧困率が高くなっているということでもあるのです。

　幼い子どもを抱えて、若い夫婦や若いひとり親が働くには、

> **ひとり親家庭**
> 父親あるいは母親のいずれかとその子どもだけから構成される家庭のこと。父子家庭あるいは母子家庭と呼ばれることもある。ひとり親家庭になる原因はさまざまであるが、78％が離婚であった。平成28年度の厚生労働省の調査によると、母子世帯数は123.2万世帯、父子世帯数は18.7万世帯で、平均年間収入（母または父自身の収入）はそれぞれ243万円、420万円、世帯の平均年間収入はそれぞれ348万円、573万円であった。母子家庭の収入は父子家庭の6割程度にとどまっている。

第 7 章　現代日本における幼児教育の課題

どうしても子どもを預かってくれる保育園が近くにないと困ります。「保育所落ちた、日本死ね！」と発信した若い母親の悲痛な叫びも、理解できるかと思います。

図2　子どもがいる現役世帯の貧困率の推移（1985-2015）

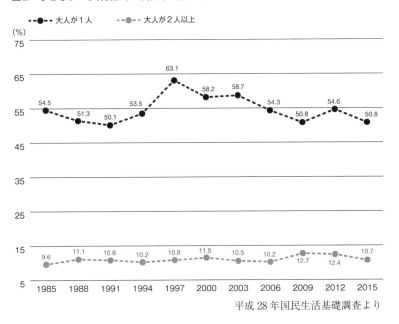

平成 28 年国民生活基礎調査より

図3　父親・母親の年齢別子どもの貧困率（2012）

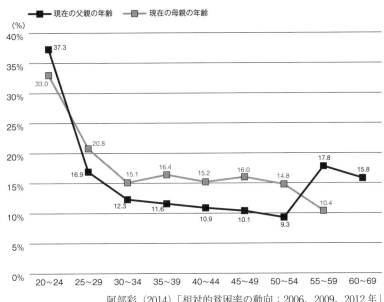

阿部彩（2014）「相対的貧困率の動向：2006、2009、2012 年」
貧困統計ホームページ（https://www.hinkonstat.net/）より

こうした乳幼児期の貧困が、その後の成長や発達、さらには進学や就職における可能性を狭めるなど、人生全体に悪影響を及ぼすことは、多くの研究によって明らかにされています。特に乳幼児期において、親が生活に余裕をもち愛情をもって育てられると、保育園や幼稚園での保育や教育を通して、子どもたちは向上心ややる気、根気強さといった「非認知的能力」（第1章のコラムを参照してください）を獲得していくのです。こういう力が身についていると、小学校に入学しても、学習にも積極的に取り組み、学校生活に適応して、先生や友人たちとも豊かな人間関係が構築していけるわけです。こういった意味でも、幼児教育無償化や待機児童の解消が、一人ひとりの人生にとってだけでなく社会全体にとっても、真剣に取り組むべき課題になっているわけです。関心のある人は、『貧困と保育』（かもがわ出版、2016年）を、一読されることを勧めます。

保育士不足

「少子高齢化問題」は、よく聞かれる言葉ですね。少子化と高齢化というふたつの現象がここには示されています。"少子化"とは、簡単にいえば、日本の男女が結婚しなかったり、結婚の時期が遅くなったり、子どもを産む時期も遅くなって、子どもの数が減少するということです。結婚しなかったり、晩婚化、さらには結婚しても子どもをもたなかったりという家庭の増加などは、社会全体の大きな問題であり、ここで詳しくお話しすることはできませんが、ぜひ関連の本を読んでもらいたいものです。他方、"高齢化"は平均寿命が延びて、日本の人口に65歳以上の人たちの割合が増加していく現象です。介護施設の不足や医療費の増大などの課題が生じています。そこに"少子化"が加わると、将来の労働人口減少をもたらし、さらに税収や年金財源の不足につながり、"高齢化"の問題をますます深刻なものにしていくのです。

参考書籍
貧困と保育
——社会と福祉につなぎ、希望をつむぐ

秋田　喜代美・小西　祐馬・菅原　ますみ編著
かもがわ出版、2016年

少子高齢化

女性が出産可能とされる15歳から49までの間に産む子どもの数の平均を「合計特殊出生率」という。2017年度は全国で94万6000人の新生児が誕生したが、合計特殊出生率は「1.43」となった。2005年に「1.26」の最低値を記録したが、二人の親から二人以上の子どもが誕生しないと、人口は増加していかない。また子どもの数が減少すると、高齢者の占める割合が増加し、高齢化が進むことになる。これによって、労働力人口が減少し、税収が減収するのに、高齢者の増加で社会保障費が増大するという悪循環に陥る。

日本は先進国のなかで、最も少子高齢化が進んでいる。少子高齢化の反対は「多子若齢化」である。たとえば、将来の経済成長が期待されているインドネシアの場合、人口は2億6千万人、国民平均年齢は29歳、平均寿命は69歳だ（2015年）。これに対して、日本の人口は1億6千万人で、国民平均年齢は46歳、平均寿命は84歳である。インドネシアは現在も人口が増加している。

第7章　現代日本における幼児教育の課題

図4

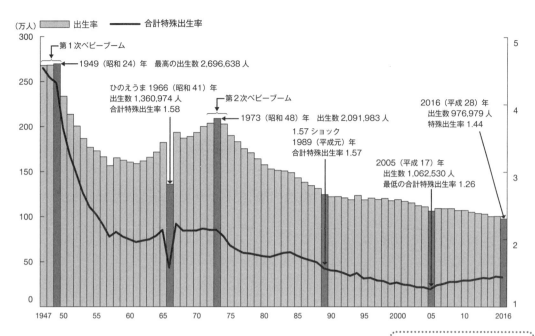

　図4のグラフを見てください。第1次ベビーブーム期（1947〜1949年）の1年間の新生児の数は、約270万人でした。そして第2次ベビーブーム期（1971〜1974年）になると、209万になり、ひとつのピークを形成します。しかしその後は減少し続けていて、グラフに示された2013年には103万人、そして最新の統計では、2016年の新生児の数は97万6,979人です。第1次ベビーブームと比べると、36％、つまり3分の1になっています。

　ここで皆さんは、不思議に思いませんか。

　これだけ子どもの数が減少しているのに、どうして幼稚園、特に保育園に入所できない子どもたちが出て、待機児童の増加が問題になるのでしょうか。子どもの数が減ったのだから、保育園や幼稚園には余裕ができてもよいように思えます。その原因は、ひとつには、共働き夫婦の多い大都市圏に、十分な数の保育園が設置されていないことです。そしてもうひとつは、保育士の不足です。

　ここで、将来、保育士や幼稚園教諭になりたい方のために、保育士不足について少し考えておきましょう。

> **ベビーブーム**
> 　1945年に第2次世界大戦が終了して、兵士が帰国し、平和が訪れ安心して暮らせるようになったことから、多くの国で新生児の数が爆発的に増加した。このような現象を「ベビーブーム」と呼んでいる。日本でも、1947年から49年にかけて毎年250万人以上の新生児が誕生した。これを第1次ベビーブームと呼び、このときに生まれた子どもたちは、のちに「団塊の世代」と呼ばれる。そしてこの世代の人たちが結婚して子どもが誕生したことで、1971年から74年にかけて第2次ベビーブームとなった。この世代を「団塊ジュニア」と呼ぶ。しかしこの世代の男女が結婚して子どもを設ける1995年以降に、第3次ベビーブームは起きなかった。バブル経済の崩壊後の経済不況、女性の高学歴化と社会進出など、さまざまな理由が考えられるが、なかでも、女性が結婚し、出産してからも働き続けられる社会環境が整備されていないことが主たる原因と考えられる。

105

保育士として登録している人は、全国におよそ119万人います（2015年の厚生労働省の調査による）。このうち実際に保育士として働いている人は、約43万人。つまり、保育士の資格はもっているが保育士として働いていない人が、76万人もいるということです。このなかには、資格はもっているが一度も働いたことがない人と、一度は保育士として働いたがなんらかの理由（結婚や出産が多いようです）で離職したという人が含まれています。このような人たちが「潜在保育士」と呼ばれています。この潜在保育士の方々が働いてくれれば、待機児童の問題を生じさせている原因のひとつ、保育士不足は解消されるかもしれません。

　どうして保育士資格をもった人の6割以上の人が、保育士として働いていないのでしょうか。そこには、労働条件に課題があるといわれています。保育園での仕事は多忙をきわめていて、保育士が結婚をすると、とたんに保育士自身が家庭との両立が難しくなるようです。また乳幼児を預かるために、保育園内で事故が起こるリスクがきわめて高いことも、原因として指摘されています。リスクの高い仕事であるにもかかわらず、賃金が低いために働くことを断念する保育士の人が多いというわけです。さらに、将来日本を支える人材の教育の一番基礎の部分を担っている幼児教育に対する社会の評価が低いのです。これだけ悪い条件がそろえば、なかなか保育士を続けていくことは難しいですね。

　しかし国もようやく事態が深刻であることを認識して、「保育所落ちた、日本死ね」の発言もあり、2016年に安倍首相は保育士の給与の増額を検討することを約束しました。また厚生労働省も、2017年度までに約7万人の保育士が必要になるとみて、「保育士確保プラン」を実施しています。

　この「保育士確保プラン」は、次のような4つの柱からなっています。

①保育士資格を取ろうと思える人を増やす
②現在保育士として働いている人が仕事を続けられるようにする

> **潜在保育士**
> 　保育士の資格をもっていながら、保育士として働いていない人。2015年の厚生労働省の発表では、資格保有者は約119万人で、そのうち保育園などの社会福祉施設で働いている人が約43万人であった。よって潜在保育士は約76万人いることになる。資格保有者の64%の人が資格を活かしていないことになる。しかし潜在保育士は増加する傾向にあり、報酬や職場環境の改善が早急に望まれる。

③以前保育士として働いていた人が再び保育士として働ける
　ようにする
④保育士として働きやすい職場環境をつくる

　たとえば2015年度までは、保育士試験は年1回しか実施されていませんでしたが、2016年度からは年2回実施されています。また2017年には「国家戦略特別区域法」により、資格取得後3年間は当該自治体内のみで保育士として働くことができ、4年目以降は全国で働くことができるという、「地域限定保育士（正式名称：国家戦略特別区域限定保育士）」となるための試験が新たに創設されるようになりました。こうして保育士試験の受験機会が拡大され、また保育士試験の免除科目も拡大されています。詳しくは、「一般社団法人　全国保育士養成協議会」の公式ウェブサイトを見るといいでしょう。
　さらに保育士不足に悩む自治体は、保育士の給与の改善策を打ち出しており、保育士の引く手あまたの状況が続いています。各自治たちの公式ウェブサイトへのアクセスも、就活に際しては必要になってくるでしょう。

幼児教育の公的支援の必要性

　それにしても、待機児童、幼児の貧困、少子化と、どれひとつをとっても簡単には解決しそうにない課題ばかりです。これから保育園の保育士や幼稚園の先生として働く夢をもっている若い人たちにとっては、あまり聞きたくないことかもしれません。しかしこうした現実を認識することで、はじめて保育士や幼稚園教諭といった資格・免許をもって働く意味ややりがいも、理解できるのではないでしょうか。
　教育社会学などの研究者である小西裕馬氏は、幼児教育の大切さを次のように説明しています。

　　「少子化なのになぜ待機児童が生まれるのか？」という
　　もっともな疑問があります。しかし、見方を変えると、

むしろ「少子化になるような国だからこそ、待機児童も生まれる」「待機児童を生み出してしまうような国だからこそ、少子化になる」ともいえないでしょうか。そして、そのような国だからこそ、子どもの貧困率も上昇し続けているのではないでしょうか。すべての根にあるのは、「子どもへの公的支出は少なくてもかまわない」「子育ては家族の責任」という、「家族主義・家族依存」の社会構造です。「家族のケア（育児・介護・看護など）は家族の責任で」という、「自己責任」「家族責任」が強固に根づいているのが日本です。「貧困だけ」「待機児童だけ」「少子化だけ」に取り組むのではなく、今こそ子どもと家族に対する見方を根本的に転換させ、すべての子どもとその家族が安心して生きられる日本社会の将来を綜合的に考えていくべきです。

小西裕馬：乳幼児期の貧困と保育——保育所の可能性を考える、『貧困と保育』（かもがわ）p.25-52、p.49-50

幼児教育の公的支出、つまり幼児教育無償化は、2017年10月におこなわれた衆議院議員選挙において、自由民主党の公約のひとつとして掲げられています。しかしすでに生活保護世帯の幼児の教育費用は免除されていますので、今一番問題なのは無償化ではなく、保育園の設置や保育士の確保であるという声も聞こえてきます。

「幼児教育の経済学」

いずれにしても、質の高い幼児教育を実現することが、将来の日本の成長に必要であることはまちがいないでしょう。最近、ジェームズ・J・ヘックマンというアメリカのノーベル経済学者が編著者になって2013年に出版された"Giving Kinds a Fair Chance" という題名の本が話題になりました。

題名を直訳すれば「子どもたちに公平なチャンスを与える」となります。2015年にすぐさま日本語訳が出版され、「幼児教

幼児教育無償化

政府は2019年10月、幼児教育無償化を全面実施すると発表している。財源としては、同年9月に実施が予定されている消費税率のアップ分が想定されているので、消費税率が据え置かれた場合には実現は難しいかもしれない。0～2歳までについては、保護者の収入制限があり、認可外施設では上限の設定がある。3～5歳については、保護者の収入状況に関係なく、認可施設では全額免除で、認可外では上限の設定がある。しかし日本ではすでにほとんどの未就学児が保育園あるいは幼稚園で保育あるいは教育を受けているため、保護者の収入状況に関係なく、幼児教育無償化をすることは、結局は経済格差を助長しかねないのではという懸念もある。

ジェームズ・J・ヘックマン

アメリカの経済学者。シカゴ大学教授。専門は労働経済学で、特に計量経済学の研究で有名。2000年にノーベル経済学賞を受賞した。幼児教育の必要性を情緒的に訴えるのではなく、経済データに基づき幼児教育の投資効果についての提言は、実証データに基づく政策決定の例として、興味深い。

参考書籍
幼児教育の経済学
——社会と福祉につなぎ、希望をつむぐ

ジェームズ・J・ヘックマン著、古草秀子訳
東洋経済新報社、2015年

育の経済学」という邦題がつけられました。原題にあった「公平なチャンス」が邦題では「（幼児）教育の経済学」に置き換えられているように見えますが、この置き換えは、アメリカと日本における子どもたちの置かれた環境の違いが理由であるように思われます。

　この本にはヘックマンの他、11人の研究者の論文が掲載されています。寄稿した研究者の専門は多岐にわたっていました。ヘックマンの専門は経済学ですが、訳書に掲載されたプロフィールだけを見ても、法学、哲学、政治学、教育学、心理学といった他の分野の専門家が執筆者であることがわかります。そして現役の教師も執筆者に加わり、それぞれがヘックマンの提言に対して、賛成、反対の立場も表明されており、読者は、幼児教育の難しさの多様な側面を見ることになるでしょう。

　この本は、小学校に入学する前の教育、いわゆる就学前教育の重要性を説き、公的な財政支援をすることが、将来の財政負担──たとえば、離職者の職業訓練や成人教育など──の軽減につながることを主張しています。翻訳書に解説を寄せた経済学者の大竹文雄氏は、ヘックマン氏の研究で重要な点をふたつ指摘しています。ひとつは、「就学前教育がその後の人生に大きな影響を与えることを明らかにしたこと」、もうひとつが「就学前教育で重要なのは、IQに代表される認知能力だけではなく、忍耐力、協調性、計画力といった非認知的能力も重要」であることです。

　認知的能力は小学校以降の教科学習で獲得される能力であるのに対して、非認知的能力は情動的スキルとも呼ばれ、決してテストによる点数では測れない能力です。非認知的能力は幼児教育段階で発達し、小学校以降の認知的能力の獲得にも影響を与えます。そしてこの非認知的能力こそ、2018年度に告示された新しい「幼稚園教育要領」で示された「資質・能力の３つの柱」のひとつである「学びに向かう力、人間性等」に他なりません。

　この『幼児教育の経済学』に示された提言は、日本の幼児教育無償化の論争にも影響を与えたのではないでしょうか。

まとめ

　日本だけでなく欧米先進諸国において、幼児教育に関係する問題や課題は大きな社会問題となっています。先進国は程度の差こそあれ、少子高齢化の問題に直面していますし、子どもたちの教育問題が、大人たちの老後の問題にも直結しているからです。また一人ひとりの子どもにとっては、将来どのような人生を送るのかという問題でもあります。

　この本の読者で、将来、保育園や幼稚園で働き、子どもたちの成長や発達を促し、その成長や発達をともに喜びたいと思っている若者には、すべての職業がそうですが、保育士や幼稚園教諭として働くことが、社会との関わりや時代背景によって、さまざまな役割をもっており、そのことを通して、自分の職業人生も豊かになり、意味あるものになるということを、理解してもらいたいと思います。

　日常生活においては、ネット上のニュースや新聞などを通して、幼児教育をめぐる課題や問題が、今、どのように議論されているのかに、注意を払ってください。国政や地方行政の選挙でも、争点のひとつになっている場合も多いでしょう。すでに 18 歳以上の若者には選挙権も認められています。こうして社会に目を向けることで、自分の将来に向けてのキャリアを明確にデザインできるようになるのです。

第**8**章　新しくなる幼児教育

久保田　慶一

多様な幼児教育

　幼児の教育や保育がおこなわれる場所は、近年、複雑になっています。人々の働き方や社会環境の変化に対応するために、多様化しているわけですが、このような制度の複雑さは制度そのものが現状にまだまだ対応しきれていないことを、反映しているように思われます。

　保育園は０歳児から就学前の子どもを保育します。そのために児童福祉法で児童福祉施設として位置づけられ、厚生労働省が所掌しています。これに対して、幼稚園は３歳から就学前の子どもを教育します。そのために学校教育法では学校として位置づけられ、文部科学省が所掌しています。簡単にいいますと、保育園は施設で０歳から就学までの子どもを保育するところで、幼稚園は学校で３歳から就学までの子どもを教育するところという、相違があります。ただし、実際におこなっている保育や教育には目的や目標、さらに内容についても大差なく、むしろ共通している部分が多いわけです。

　同じ就学前の子どもを保育や教育し、保育や教育の内容が重複する部分も多いことから、2008年に「幼保連携型認定こども園」（認定こども園）が設置されるようになりました。これまでの保育園と幼稚園の両方のいいところを合わせて、「就

111

学前の子どもに幼児教育・保育を提供」すると同時に、「地域における子育て支援」をするのが、この認定こども園というわけです。認定基準を満たした施設は、文部科学省と厚生労働省の基準をもとに、都道府県の条例によって認定されます。

　現存するすべての保育園や幼稚園が認定こども園に移行するわけではありません。また地域の実情や保護者のニーズに対応するために、現在では、認定こども園には、①幼保連携型、②幼稚園型、③保育園型、④地方裁量型の４つのタイプがあります。①幼保連携型は②と③の両方の機能をもつタイプで、②幼稚園型は認可された幼稚園が保育園的機能を合わせもち、③保育園型は認可された保育園が幼稚園的な機能を合わせもつタイプです。④地方裁量型は、保育園でも幼稚園でもない保育・教育施設が、認定こども園として必要な機能を満たす場合です。

> **地方裁量型の認定こども園**
> 認定こども園として認可できそうな保育園や幼稚園がない地域で、その他の保育・教育の施設が認定こども園として役割を担うタイプのこども園のこと。

内閣府公式ウェブサイトより「認定こども園概要」
http://www8.cao.go.jp/shoushi/kodomoen/gaiyou.html

　保育園職員には保育士資格が必要で、幼稚園教員には幼稚園教諭の免許が必要とされます。認定こども園の場合、①幼保連携型では幼稚園教諭免許と保育士資格の両方をもつ保育教諭が求められています。その他のタイプでは、満３歳以上の子どもを対象とする場合には、幼稚園教諭免許と保育士資格の両方をもつころが望ましいとされ、満３歳未満の子ども

第8章 新しくなる幼児教育

を対象とする場合には、保育士資格だけでよいとされています。

こうした制度はできましたが、保育園と幼稚園をひとつにするのは難しいのが現状です。認定こども園に関する事務は内閣府子ども・子育て本部で一元化されていますが、保育園と幼稚園のそれぞれの法的な位置づけまでは変更されていません。文部科学省と厚生労働省とが連携を図って運用するとされていますが、二重、三重に行政が関与する現状は変わっていないようで、実際の運営にはさまざまな課題や問題も多いといわれています。それでも、2018年4月現在、認定こども園は全国で6160園になり、急速に増加しているようです。

これら3つ（保育園、幼稚園、認定こども園）の他に、「無認可保育園」「認証・認定保育園」があります。無認可保育園とは、児童福祉法に基づく認可を受けていない保育園です。保護者の就労や疾病など、保育園に子どもを預けなくてはならない理由がなくても、子どもは入所できます。また認証・認定保育園とは、国ではなく、それぞれの自治体独自の基準に従って設置が認められている保育園です。

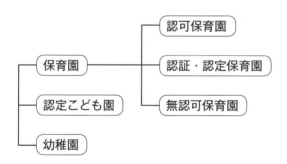

ここでは、幼児教育の制度面だけの話をしています。実際に皆さんが保育園や幼稚園で実習したり働いたりするときには、子どもを預ける立場になって、入園や入所の手続き、保育料、補助金などについても、勉強しておくことが必要でしょう。こうした制度やしくみは全国一律ではなく、地方や地域によっても異なっているからです。

内閣府子ども・子育て本部
内閣府に設置された機関で、子ども・子育て支援や少子化対応のための政策を立案し、文部科学省や厚生労働省などと連携して政策を推進する。本部長は内閣府特命担当大臣（少子化対策担当）、副本部長は内閣府副大臣が兼任している。

認定こども園をめぐる諸問題
認定こども園は、保育園と幼稚園という既存の制度を合体させてつくられた制度なので、過疎地や少子化の著しい地域では一定の成果を挙げたが、他方で、ふたつの制度が併存することで問題が生じている。ひとつは、保育士と幼稚園教諭という資格と免許が併存することで、教職員や保育園と幼稚園の双方の子どもの間で微妙な壁ができて、解消されていないことである。このことで、保育や教育に一貫性がなくなっているとの懸念が生じている。また設置の基準についても、保育園と幼稚園の双方の基準の緩いほうに合わせてしまったために、認定こども園の質の低下も課題となっている。また、左図に見るように、多様な施設が混在する状態になっており、利用者の混乱を招いていることも、問題のひとつであろう。

認証・認定保育園
国の基準を満たした保育園は「認可保育園」と呼ばれ、他方、国の基準を満たしていない無認可保育園だが、地方自治体独自の基準を満たして、認証・認定された保育園を「認証・認定保育園」と呼んでいる。

113

2017年は幼児教育の転換年

　文部科学省が小学校から高等学校までの教育課程や学習内容を定めたのが「学習指導要領」です。同じように、保育園、幼稚園、そして認定こども園の教育や保育の内容を定めたのが、それぞれ「保育所保育指針」「幼稚園教育要領」「幼保連携型認定こども園教育・保育要領」の3つです。（下図を参照）

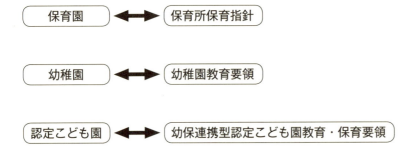

　学習指導要領はほぼ10年ごとに改訂されることになっていて、2017年4月から新しく改訂された学習指導要領が、小学校から順次告示・公示されはじめました。そしてこれと合わせる形で、幼児教育に関する3つの要領や指針の改訂が一度に告示・公示されたのです。保育所保育指針は第4次改訂、幼稚園要領は第5次改訂、そして幼保連携型認定こども園教育・保育要領は最初の改訂となったわけですが、こうした3つの要領や指針の改訂が同時におこなわれた意義は大きいといえるでしょう。今回の改訂では当然のことながら、3種類の幼児教育に関する内容が共通化されました。これによってすべての地域で質の高い幼児教育の実現がめざされていることがよくわかります。

第8章 新しくなる幼児教育

幼稚園での教育

　ここでは、改訂された幼稚園教育要領を中心に、教育内容を概観したいと思います。本書では幼稚園教育において、とりわけ音楽実技がどのように位置づけられているのかを理解することを念頭に置いています。実際に幼稚園教諭、または保育士になるためには、ここで説明したこと以外に、幼稚園教育全体についても学ぶ必要があることは、いうまでもありません。

　教育要領では、幼稚園教育の目的・目標は、下図のような3つの視点から理解できます。

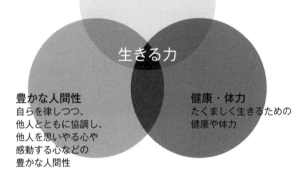

http://www.mext.go.jp/a_menu/shotou/new-cs/idea/index.htm

　まず基本となるのが、「幼稚園教育の基本」です。少し長くなりますが、引用しておきましょう。

　　幼稚園教育の基本
　　　幼児期の教育は、生涯にわたる人格形成の基礎を培う重要なものであり、幼稚園教育は、学校教育法に規定する目的及び目標を達成するため、幼児期の特性を踏まえ、

> **幼稚園教育の基本**
> 　左に引用した文章は、幼稚園教育要領の第1章「総説」の第1節「幼稚園教育の基本」に掲載されている。幼児期の教育には、特に幼児が関わる教師と環境の役割が重要であるという視点が貫かれている。

115

環境を通して行うものであることを基本とする。

　このため教師は、幼児との信頼関係を十分に築き、幼児が身近な環境に主体的に関わり、環境との関わり方や意味に気付き、これらを取り込もうとして、試行錯誤したり、考えたりするようになる幼児期の教育における見方・考え方を生かし、幼児と共によりよい教育環境を創造するように努めるものとする。これらを踏まえて、次に示す事項を重視して教育を行わなければならない。

　重要視する事項としては、「幼児の主体的な活動を促し、幼児期にふさわしい生活が展開されるようにすること」「遊びを通しての指導を中心として第2章に示すねらいが総合的に達成されるようにすること」、そして「幼児一人一人の特性に応じ、発達の課題に即した指導を行うようにすること」の3つが挙げられています。

　こうした幼稚園教育の基本が確認されたうえで、次に「幼稚園教育において育みたい資質・能力及び幼児期の終わりまでに育ってほしい姿」という教育の目的・目標が、より具体的に示されます。

　「幼稚園においては、生きる力の基礎を育むため」に、幼稚園教育において「一体的に育む」ことが求められるのが、3つの資質・能力です。そのキーワードとなる「生きる力」は2002年以降の学習指導要領から我が国の教育の基本的な理念となった概念です。

　「生きる力」とは、「知・徳・体のバランスのとれた力」と定義され、「変化の激しいこれからの社会を生きるために、確かな学力、豊かな心、健やかな体の知・徳・体をバランスよく育てること」が求められています。この3つの資質・能力からは、幼稚園教育をその後の小学校教育との連続性においてとらえ、小学校以降では教科によって学ぶことを、幼稚園では「遊びや生活」を通して一体的に育まれる、という点が重視されています。

「生きる力」「生き抜く力」

　文部科学省が21世紀になってから学習指導要領において、教育の理念に据えているのが、子どもたちの「生きる力」を育てることである。2018年以降の新しい学習指導要領では、「生き抜く力」を育てること、それには「主体的・対話的で深い学び」の実現が必要であると謳っている。すなわち、生きて働くために必要な「知識や技能」、未知の状況にも対応できる「思考力・判断力・表現力」、学びを人生や社会に活かそうとする「学びに向かう力・人間性」の3つを、挙げている。

第8章　新しくなる幼児教育

幼稚園で育まれる資質・能力

　幼稚園で育まれる資質・能力は、次の3つに分類されています。

　　①豊かな体験を通じて、感じたり、気付いたり、分かったり、できるようになったりする「知識及び技能の基礎」
　　②気付いたことや、できるようになったことなどを使い、考えたり、試したり、工夫したり、表現したりする「思考力、判断力、表現力等の基礎」
　　③心情、意欲、態度が育つ中で、よりよい生活を営もうとする「学びに向かう力、人間性等」

　文章を読むと難しく感じられますが、ここでいわれていることは、子どもたちの日常生活を想像すれば、容易に理解できるでしょう。筆者の子どものころを思い出して例にしてみます。秋も深くなって、幼稚園から近くの林に行きました。そこで紅葉したイチョウやモミジの葉っぱを拾い集めて、幼稚園に戻って画用紙に拾ってきた葉っぱを張りつけたことがあります。

　このような思い出を上記の①〜③に即して考えてみましょう。筆者は、①秋深い林で自然を体験し、色づいた葉っぱが地面一面に広がっている美しさに驚き、葉っぱによって色が違うことに気がつきます。まだ、秋になると葉っぱが色づいて落葉するという自然のメカニズムは知りません。でも、美しい、驚き、不思議だという、気持ちになりました。②そして一つひとつの葉っぱを組み合わせて、自分なりの葉っぱのタペストリーをつくりました。どのように色の違う葉っぱを組み合わせればいいのだろうか、工夫をしました。③隣のお友だちがつくるタペストリーを見て、自分もこうしたい、もっとよくしたい、そしてお友だちにどんな工夫をしたらよいのか、質問したりします。このように、自然体験から創造活動、そして友だちとの関係づくりへという、一連のプロセスを通

> **保育園、認定こども園の場合は……**
>
> 幼稚園教育要領で示された、左記に引用した「資質・能力」は、保育所保育指針や幼保連携型認定こども園教育・保育要領においても、同じ文言が掲載されている。

117

して、子どもたちは成長していくわけです。

　今回の改訂における特に重要なことのひとつは、ここに示された3つの資質・能力が、小学校以降でおこなわれる教科による指導につながり、平成29年度に改訂された学習指導要領で示された「学力の3要素」あるいは「学力の3つの柱」にも対応することで、幼児教育と小学校以降との教育が理念上しっかりとつなげられたという点です。

　「3つの柱」とは、①「何を知っているか、何ができるか」という「個別の知識・技能」、②「知っていること・できることをどう使うか」という「思考力・判断力・表現力等」、③「どのように社会・世界と関わり、よりよい人生を送るか」という「学びに向かう力、人間性等」です。

ねらい及び内容

　ここでは筆者の幼児体験として「落ち葉拾い」を紹介しましたが、資質・能力を育む活動はこれだけはありません。保育要領では、資質・能力を育む活動の基本として、「ねらい及び内容」を示しています。「ねらい」とは「幼稚園教育において育みたい資質・能力を幼児の生活する姿から捉えたもの」であり、「内容」は「ねらいを達成するために指導する事項」とされています。そして「ねらい及び内容」は、5つの領域において設定されています。これら5つの領域とは、

①「健康」：健康な心と体を育て、自ら健康で安全な生活をつくり出す力を養う。
②「人間関係」：他の人々と親しみ、支え合って生活するために、自立心を育て、人と関わる力を養う。
③「環境」：周囲の様々な環境に好奇心や探求心をもってかかわり、それらを生活に取り入れていこうとする力を養う。
④「言葉」：経験したことや考えたことなどを自分なりの言葉で表現し、相手の話す言葉を聞こうとする意欲や態度を育て、言葉に対する感覚や言葉で表現する力を養う。

「学力の3要素」「学力の3つの柱」

　学力の3つの要素あるいは柱は、幼稚園教育要領などで示された、育みたい「資質・能力」の3つに対応している。つまり、平成29年度にはじまる、学習指導要領などの一連の改訂によって、0歳から18歳までの教育において、「学力の3つの要素（柱）」と「資質・能力」、そしてそれらが目標とする「生きる力」あるいは「生き抜く力」の育成が、我が国の教育に一貫することになる。文部科学省はさらに大学などの高等教育の教育についても、こうした学力観に基づく選抜や教育を求めている。

⑤「表現」：感じたことや考えたことを自分なりに表現することを通して、豊かな感性や表現する力を養い、創造性を豊かにする。

ここでようやく音楽に関する「表現」が登場しました。領域「表現」に示された「ねらいと内容」を見てみましょう。

　１　ねらい
（１）いろいろなものの美しさなどに対する豊かな感性をもつ。
（２）感じたことや考えたことを自分なりに表現して楽しむ。
（３）生活の中でイメージを豊かにし、様々な表現を楽しむ。

　２　内容
（１）生活の中で様々な音、形、色、手触り、動きなどに気付いたり、感じたりするなどして楽しむ。
（２）生活の中で美しいものや心を動かす出来事に触れ、イメージを豊かにする。
（３）様々な出来事の中で、感動したことを伝え合う楽しさを味わう。
（４）感じたこと、考えたことなどを音や動きなどで表現したり、自由にかいたり、つくったりなどする。
（５）いろいろな素材に親しみ、工夫して遊ぶ。
（６）音楽に親しみ、歌を歌ったり、簡単なリズム楽器を使ったりなどする楽しさを味わう。
（７）かいたり、つくったりすることを楽しみ、遊びに使ったり、飾ったりなどする。
（８）自分のイメージを動きや言葉などで表現したり、演じて遊んだりするなどの楽しさを味わう。

　音楽に関係することがらが、内容の（１）と（６）にあります「音」そして「音楽」「歌」「リズム楽器」にしか言及さ

119

れていないように見えますね。しかし幼稚園の先生が演奏するピアノの美しいメロディーを聴き、さらにその旋律に合わせて身体を動かしたり、ダンスをしたりすることは、内容（2）〜（4）に該当します。また自分たちで簡単なリズムやメロディーをつくってみたりできますし、自然のなかで見つけた貝殻や木片などを楽器にして、遊ぶことができます。こうなれば、内容（5）、（7）、（8）にも当てはまります。

こう考えていくと、音楽は表現以外の領域とも関係しているのがわかります。子どもの資質や能力は大人ほどには分化（複雑化）していません。大人ですと、教育や訓練を通して、特定の領域で特定の資質や能力を発達させますが、幼児の段階ではまた未分化ですから、教育のねらいや内容も特定の領域や資質・能力に偏ることがあっては、いけないわけです。だからこそ、保育者にも、特定の領域に特化し発達した能力だけが求められるということはないのです。

幼児期の終わりまでに育ってほしい姿

こうした幼児教育を通して、子どもは成長していきます。この成長が現れる子どもたちの姿が、「幼児期の終わりまでに育ってほしい姿」です。5つの領域において、資質・能力と内容が結びつき、子どもたちの成長や発達は、10の姿になって現れるとされています。

10の姿とは、「健康な心と体」「自立心」「協同性」「道徳性・規範意識の芽生え」「社会生活との関わり」「思考力の芽生え」「自然との関わり・生命尊重」「数量や図形、標識や文字などへの関心・感覚」「言葉による伝え合い」「豊かな感性と表現」です。

この「幼児期の終わりまでに育ってほしい姿」は、保育園、幼稚園、認定こども園にすべてに共通するものとして、それぞれの保育指針、教育要領、教育・保育要領で示されています。制度として多様化してしまった幼児教育に一貫性をもたせ、小学校教育へつなげるという配慮がなされています。

第8章 新しくなる幼児教育

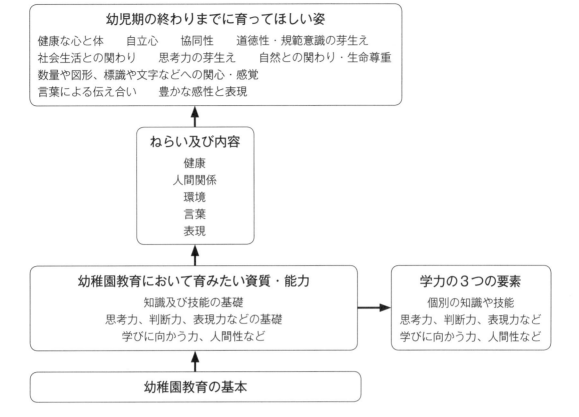

豊かな感性と表現

「豊かな感性と表現」には、子どもの姿が、以下のように表現されています。

> 心を動かす出来事などに触れ感性を働かせる中で、様々な素材の特徴や表現の仕方などに気付き、感じたことや考えたことを自分で表現したり、友達同士で表現する過程を楽しんだりし、表現する喜びを味わい、意欲をもつようになる。

子どもたちがこのような姿に育ってくれるためには、指導者である幼稚園教諭自らが、音楽の知識や技能を修得するか

どうかという問題以前に、豊かな感性をもち、表現すること
に喜びを感じられるようになっていなくてはならないのでは
ないでしょうか。さらに、子どもたちの感性や表現力の発達
を促すために、ピアノで簡単な伴奏が弾け、歌うことの喜び
に満ちて、生き生きとした声で歌うことも必要となってくる
でしょう。

まとめ

　幼稚園教育要領などの改訂に伴って、新しい幼児教育が実
現されつつあります。幼稚園教諭を養成している大学や短期
大学などでは、教育要領の改訂に伴って、教員組織を整備し、
教育課程の準備もほぼ終えられていると思います。これから
大学や短期大学に入学する人たちは、こうした今整備されつ
つある教育環境で学修することになるはずです。このことは
同時に、幼稚園教諭にも新しい資質や能力が求められるとい
うわけです。幼児教育が基本的に全人的教育であるわけです
から、教える側にはさまざまな資質や能力が求められていま
す。これらすべてを同じレベルで修得することは難しいわけ
ですが、ひとつやふたつ、自分の得意分野をまず確立してから、
苦手な分野にチャンレジしていくことが、求められているよ
うに思われます。

第**9**章 資格・免許をもって働く

久保田 慶一

資格と免許

　保育所の保育士になるためには「保育士資格」が、そして幼稚園の先生になるためには「幼稚園教諭免許」が必要となります。それぞれの監督官庁が前者は厚生労働省、後者が文部科学省であることは、すでにお話しました。

　ここでは、資格と免許の違いについて、お話しておきましょう。「資格」とは、その人がもっている知識・能力・技能を証明するもので、どこが証明するかによって、国家資格、公的資格、民間資格、修了資格の4種類があります。特にこの資格をもっていないと特定の仕事ができないということが、法律や法令で定められている場合、その資格は「免許」となります。

　資格にはさまざまなものがあります。インターネットで調べてみてください。たとえば、「秘書検定」は公益財団法人実務技能検定協会が認定をしていて、1級から3級までの「資格」を出しています。しかしこの「秘書検定」資格をもたずに、会社などで秘書をしている人はたくさんいます。もちろん、資格をもってないからといって法的に罰せられることはありません。

　これに対して、「自動車運転免許」は「道路交通法」という

123

法律に基づいて出されている免許で、免許をもたずに自動車を運転すると、法的に罰せられます。医師免許や教員免許も同じです。幼稚園教諭も、教員免許がないと、学校や幼稚園で教えることはできません。

保育士は、「児童福祉法」によって定められた国家資格です。そして法律では保育士は「保育士の名称を用いて、専門的知識及び技術をもって、児童の保育及び児童の保護者に対する保育に関する指導を行うことを業とする者」と定められています。つまり、この資格をもっていないと、「保育士」を名乗ってはいけないわけです。

保育士の資格をもっていない人が、家庭などを含めて、保育の仕事をしても、法的に罰せられることはありません。それは、資格を認定する機関は異なりますが、秘書検定資格と同じです。もっとも、保育園で働く場合には、保育士の資格が求められ、認定こども園ではさらに幼稚園教諭免許の取得が望まれることは、いうまでもありません。

免許はそれをもっていないと仕事ができない、してはいけないという法的拘束力が高いので、資格に比べて、社会的にも高く評価される傾向がありますので、履歴書などでも、免許を先に書くとされています。

保育士資格

保育士の資格を得るためには、ふたつの方法があります。ひとつは、厚生労働大臣が指定する大学、短期大学、専門学校などの指定保育士養成施設を修了して資格を得る方法。もうひとつは、国家試験である「保育士試験」を受験し、合格して、資格を得る方法です。すでに幼稚園教諭免許をもっている人が「保育士試験」を受験する場合は、一部試験科目が免除されます。

第9章　資格・免許をもって働く

幼稚園教諭免許

　幼稚園教諭免許の取得に必要な教育課程は「教育職員免許法」に従っていますが、免許状のほうは都道府県教育委員会から授与されます。大学や短期大学を卒業する際に、大学や短期大学の所在地の都道府県教育委員会に免許申請すると、卒業時に免許状を得ることができます。

　幼稚園教諭免許には、普通免許と臨時免許の2種類があります。さらに免許取得のために受けた教育課程の種類によって、前者には「1種」「2種」「専修」の3種類があります。

　「1種免許」は4年生大学で幼稚園教諭養成課程を修了した場合に、取得できます。「2種免許」は、短期大学あるいは文部科学省が定める専門学校や養成学校で、幼稚園教諭養成課程を修了した場合に、取得できます。そして「専修免許」は、1種免許を有した人が大学院修士課程で学ぶことで、取得できます。この他に、保育士として3年以上働いた経験がある人が「教員資格認定試験」に合格すれば、「2種免許」を取得することができます。

> **教育職員免許法**
> 　教育職員の免許に関する基準を定め、教育職員の資質の保持と向上を図ることを目的に制定された法律。ここで教育職員（教員）というのは、幼稚園（認定こども園を含む）、小学校、中学校、高等学校、特別支援学校などで教育職にあたる職員のことを指す。保育士はここには含まれない。

> **幼稚園教諭免許の種類**
> 　幼稚園教諭免許には3種類ある。短期大学を卒業して免許を取得した場合は、「2種免許」、4年生大学を卒業していれば「1種免許」、大学院を修了していれば「専修免許」となる。しかしもっている免許によって仕事の内容が大きく変わることはないだろう。ただ入職時に若干の給与査定で差がつくことはあるかもしれない。

資格・免許をもって働く

　資格・免許は、仕事・業務をするために取得するものですから、学ぶ内容と仕事の内容が直結していなくてはなりません。つまり、保育士や幼稚園教諭の養成課程では、資格・免許を取得するための教育がおこなわれますので、「目的養成」と呼ばれています。小学校教員や医師なども目的養成されており、現在でも医師や獣医師などを養成する教育課程の学生の数（定員）は、文部科学省によって管理されています。

　資格・免許の取得をめざす目的は、もちろん資格・免許を得てから、その職業を通して自分の人生を豊かに、そしていきがいのあるものにしていくことにあります。まず大学や短

125

期大学を卒業して、学士や準学士の資格を得ることで、大学や短期大学で学ぶ目標は達成できたわけです。しかし保育士資格や幼稚園教諭免許を取得した人は、その後に保育士や幼稚園教諭としてどのように働き、どのように人生を送るのかが問われてくるわけです。ですから資格や免許の取得をめざして学ぶことは、ひとつの「探索」のはじまりであるといえるのかもしれません。

　資格や免許を取得したら、その資格や免許をもつ人にしかできない仕事をしてほしいものです。免許だけはもっているが、別の仕事をしているというのは、少しもったいない気がします。もちろん一見関係ないと思われる仕事でも、保育士の資格や幼稚園教諭の免許をもっていることが、役に立つ場合があります。たとえば、赤ちゃんや幼児の衣服を販売するような店舗であれば、発達理論に支えられた子どもへの理解が、顧客サービスの向上に役立つことは、大いにあるでしょう。

　しかし本書の第7章でお話したように、特に保育士不足は深刻です。特に保育士資格や幼稚園教諭免許をもつ人には、労働環境などもしっかりと吟味しつつ、保育士や幼稚園教諭として働くことをめざしてもらいたいものです。

新しい幼稚園教諭養成

　平成29年度に「幼稚園教育要領」が改正されたことはすでにお話しましたが、同時に、教育職員免許法及び施行規則が改正されました。幼稚園教諭養成課程での最も重要な改正は、これまで教科に関する科目として、小学校教員養成課程に相当する科目（国語、算数、生活、音楽、図画工作、体育）のうち、一定単位数を取得すればよかったのですが、「領域及び保育内容の指導法に関する科目」として、領域に関する専門的事項（幼稚園教育要領で定める健康、人間関係、環境、言葉、表現）を学ばなくてはならなくなりました。教育要領と教員養成が一致するように工夫されているのが、よくわかります。ただし、平成34年度までは、従来どおりの小学校教科による単位取得

も可能とされています。

　次の表は、教育職員免許法に示された大学などで修得すべき単位数を示しています。この記載内容に従って、大学や短期大学は授業科目を開設することになります。大学や短期大学でどのような内容を学修するのかをおおよそ知ることができます（表を参照）。

　また保育士養成課程も 2017 年 11 月の時点で、2019 年から新制度の適用が検討されています。

表：幼稚園教諭免許取得に必要な最低限の単位数
（音楽に関係する科目は、一番上にある「イ　領域に関する専門事項」「ロ　保育内容の指導法（情報機器及び教材の活用）」などに含まれます）

	各科目に含めることが必要な事項		専修	一種	二種
領域及び保育内容の指導法に関する科目	イ ロ	領域に関する専門的事項 保育内容の指導法（情報機器及び教材の活用を含む。）	16	16	12
教育の基礎的理解に関する科目	イ ロ ハ ニ ホ ヘ	教育の理念並びに教育に関する歴史及び思想 教職の意義及び教員の役割・職務内容（チーム学校への対応を含む。） 教育に関する社会的、制度的又は経営的事項（学校と地域との連携及び学校安全への対応を含む。） 幼児、児童及び生徒の心身の発達及び学習の過程 特別の支援を必要とする幼児、児童及び生徒に対する理解（１単位以上修得） 教育課程の意義及び編成の方法（カリキュラム・マネジメントを含む。）	10	10	6
道徳、総合的な学習の時間等の指導法及び生徒指導、教育相談等に関する科目	イ ロ ハ	教育の方法及び技術（情報機器及び教材の活用を含む。） 幼児理解の理論及び方法 教育相談（カウンセリングに関する基礎的な知識を含む。）の理論及び方法	4	4	4
教育実践に関する科目	イ ロ	教育実習（学校インターンシップ〔学校体験活動〕を２単位まで含むことができる。）（５単位） 教職実践演習	7	7	7
大学が独自に設定する科目			38	14	2
			75	51	31

職業を通したライフサイクル

　将来、どんな職業につきたいのかという夢を、たいていの子どもは幼少期から育んでいきます。特に、保育士や幼稚園教諭、学校の先生になりたいという人は、幼少期に自分自身が受けた教育、特に先生との関わりから、将来の職業選択に

つながっていく場合が多いようです。

　今、中学生や高校生の人で、将来、保育士や幼稚園の先生になりたいという希望をもっている人は、きっと保育園や幼稚園で、尊敬できる素敵な先生に出会っていると思われます。そして自分もそんな先生になりたいという強いあこがれの気持ちが、将来の職業選択の背景にあるにちがいないと思います。

　すでにお話したように、保育士や幼稚園の先生として働くためには、資格・免許が必要となります。この資格・免許を取得するためには、あらかじめ定められた科目の単位を取得することになります。一連の授業科目は、その職業を遂行するのに必要な知識や技能を修得できるように、教育課程として整備されています。

　こうした教育課程を修得することで、その職業に必要な知識や技能を獲得し、自分の職業へ向けて確立されていくわけです。つまり、将来就きたい職業のイメージをもち、教育課程を通して必要な知識や技能を獲得してゆくことで、現実の職業へとつながるわけです。

　そして実際に保育園や幼稚園で働くようになれば、今度はあなた自身が子どもたちにとって、あこがれの先生になるわけです。こうして、かつてあなたが先生の人生から影響を受けたように、今度はあなたの人生が子どもたちの人生に影響を与えることになります。こうして職業、つまり働くことが、人のライフサイクルを次の世代へと循環させていくわけです。

まとめ

　現代社会のように、将来の生活設計を立てることが難しい社会になってくると、人は少しでも安定した生活を送っていくのには、できるだけ多くの資格や免許をもっているほうがいいと考えがちです。しかし多くの資格や免許を取るのには、時間やお金がかかるだけでなく、自分が本当にしたい仕事は何なのか、あるいはどのような仕事に向いているのかという、職業選択の基本的なことを忘れてしまいがちです。結局、「青い鳥」を探しもとめて、何も見つけられないということにも、なりかねません。保育士や幼稚園教諭を養成する大学や短期大学、専門学校などに入学することは、一般の学校に入学する以上に、将来の職業を早くに選択していることになります。それだけに慎重に考える必要があるでしょう。しかしあこがれこそが大切であって、それがあったからこそ、一生、保育士や幼稚園教諭を続けているという方も多いでしょう。一方で、そうしたことばかりを、あまり深刻に考えすぎないというようにすることも、将来の職業人生を設計する際には必要なのではないでしょうか。

最終章　めざせ！ 保育士・幼稚園教諭

久保田　慶一

　日本の教育制度は 10 年ごとに改編されます。それは小学校から高等学校までの「学習指導要領」が 10 年ごとに改訂されるからです。2017 年から 2018 年の時期はちょうどその時期にあたりました。そして同じ時期に、これまで 10 年ごとに改訂されてこなかった保育園や幼稚園の学習指導要領に相当する「保育所保育指針」「幼稚園教育要領」「幼保連携型認定こども園教育・保育要領」の改訂もおこなわれました。

　今回の改訂は、幼児教育、初等教育、中等教育の教育制度を一新するものとなっていて、第 2 次世界大戦後の教育改革に次ぐ、大規模な改革であるといわれています。さらに、保育士や幼稚園教諭の資格・免許を取得するために学ぶ、大学や短期大学の教育制度もすでに改革が進んでいて、その象徴的な出来事が、「大学入試センター試験」に変わる新しい試験である「大学入試共通テスト」の導入です。

　この本を読んでおられる中学生や高校生の方は、このような教育の改革期に大学や短期大学を受験して、入学されるわけですから、予想しづらい経験をされると思いますし、その分苦労も多いかもしれません。しかしこうした激動の時期だからこそ、目的をもって自分のめざす道をしっかりと歩んでいってもらいたいと思います。

　保育士や幼稚園教諭をめざす方々に、とりわけ音楽の技能、ピアノ、歌唱、そして弾き歌いの必要性や技能修得のためのコツを示したのは、決して筆者が音楽教育を専門にしている

大学入試共通テスト

　大学に入学を希望する人に共通に課して実施される試験は、1979 年に実施された「共通一次試験」にはじまる。11 年間継続したあと、1979 年から「大学入試センター試験」と名称変更し、国公立大学だけでなく、多くの私立大学でも、入学者選抜に利用されるようになった。2021 年からは「大学入試共通テスト」と名称を変え、これまでのマークシート方式に、論述式の問題を加え、英語では学部試験を利用して、「読む、書く、聞く、話す」の 4 つの技能を問われることになる。

最終章　めざせ！ 保育士・幼稚園教諭

からではありません。本当の理由は、幼児教育の現場でピアノや歌のうまい先生が求められているからなのです。実際に、先生自身が歌やダンスの伴奏をすることで、子ども一人ひとりが生き生きと活動し、また子どもどうしのつながりもより強いものになるからなのです。保育園や幼稚園の園長先生とお話しする機会もあるのですが、私が音楽大学に勤務しているからかもしれませんが、「園に音楽のできる先生が一人でもいてくれると、本当に助かるのです」という声を、よく聞きます。

　さあ、皆さん。まずは学校の音楽科の授業に参加してください。さらに部活動の合唱や吹奏楽にも参加してください。特にピアノの技能を修得したい方は、音楽教室に通ったり、個人のピアノの先生に習ったりして、勉強してください。ピアニストになるわけではありませんので、きっと楽しくピアノの勉強ができると思いますよ。

　また大学受験が近くなれば、大学説明会やオープンキャンパスに行って、大学の様子を実際に見ることも必要となるでしょう。大学のどこかでお目にかかるかもしれませんね。その日が訪れることを楽しみにしております。

> **音楽教室**
> 　一般的に音楽教室と呼ばれるものは、大手の楽器メーカーが楽器店で開設している音楽教室で、ピアノや電子オルガンなどを幼児から教えている。近年では、子どもの英語学習や大人向けのコースなども併設されていて、さまざまな年齢の人が、ピアノ以外の楽器や声楽などが学べるようになっている。また個人で教室を開いている人も多い。しかし最近は少子化や幼児のお稽古事の多様化に伴って、学習者の数は減少している。

131

さいごに

　保育園や幼稚園やそこでの保育や教育は、待機児童問題や森友学園が経営する幼稚園での教育方針の問題などもあって、マスコミの注目を集めています。幼児教育はただ単に就学前の子どもたちの保育や教育ではなく、さらにその後の学校教育のみならず、日本社会全体にとって本質的な問題であるということが、多くの人々に理解されつつあるのではないでしょうか。

　こうした社会情勢にあって、将来、保育士や幼稚園教諭になって幼児教育を担いたいと思う若者たちには、大いに期待したものです。そして長年音楽教育に携わってきた筆者にとっては、音楽の喜びを子どもたちに伝えられる先生になってもらいたいと、切に願っております。

　本書は、保育士や幼稚園教諭になりたいと思っている人のために書かれました。そして、はじめてピアノを弾いたり、しばらくピアノの練習をしていなかったりという方に大いに役立つはずです。またピアノはかなり弾けるのだが、どうして保育園や幼稚園の先生になるのに音楽が必要なのかわからないという人にも、参考になるでしょう。

　本書は将来、幼児教育の先生になりたいという人に音楽の大切さを理解してもらうために書かれていますので、その他の専門的なことについては書かれていません。それは大学や短期大学、専門学校などでしっかりと勉強してください。ただ音楽だけは一朝一夕というわけにはいきませんので、できるだけ早い時期に、ピアノなどの練習をはじめておかれることを、お勧めします。

　本書の序章と第1章、第3章、第7～9章は久保田が、第2章と第4～6章は渡辺行野が執筆しましたが、本書全体の文責は久保田が負っていることを、最後にお断りしておきます。

　出版に際しては、スタイルノートの池田さんにていねいに原稿を読んでいただき、適格なアドヴァイスをいただきました。ここに感謝の意を表したいと思います。

2018年11月

久保田　慶一

参考文献

秋田喜代美（他）『貧困と保育——社会と福祉につなぎ、希望をつむぐ』（2016 年、かもがわ出版）

猪熊弘子『「子育て」という政治——少子化なのになぜ待機児童が生まれるのか？』（2014 年、角川新書）

今川恭子（監修）『音楽を学ぶということ——これから音楽を教える・学ぶ人のために（幼稚園教諭・保育士・小学校教諭養成課程用）』（2016 年、教育芸術社）

大豆生田啓友・木村明子『幼稚園教師になるには』（2009 年、ぺりかん社）

久保田慶一『音楽とキャリア』（2008 年、スタイルノート）

同上（編著）『キーワード 150 音楽通論』（2009 年、アルテスパブリッシング）

同上『2018 年問題とこれからの音楽教育——激動の転換期をどう乗り越えるか？』（2017 年、ヤマハミュージックメディア）

鴻上尚史『発声と身体のレッスン——魅力的な「こえ」と「からだ」を作るために』（2002 年、白水社）

小林伸二『コーラスフェスティバル』（2014 年、正進社）

小林満『教育や保育に携わる人々のための　新・声楽指導教本——児童、幼児教育課程・保育士養成課程用』（2010 年、教育芸術社）

小松正史『みんなでできる音のデザイン——身近な空間からはじめる 12 ステップのワークブック』（2010 年、ナカニシヤ出版）

ジョーゼフ・ジョルダーニア（森田稔・訳）『人間はなぜ歌うのか？——人類の進化における「うた」の起源』（2017 年、アルク出版）

内閣府・文部科学省・厚生労働省『幼保連会型認定こども園教育・保育要領解説　平成 27 年 2 月』（2015 年、フレーベル館）

中山昌樹（汐見稔幸・監修）『認定こども園がわかる本』（2015 年、風鳴舎）

日本赤ちゃん学会（監修）『乳幼児の音楽表現』（2016 年、中央法規出版）

ジェームズ・J・ヘックマン（大竹文雄・解説／古草秀子・訳）『幼児教育の教育学』（2015 年、東洋経済新報社）

普光院亜紀『日本の保育はどうなる——幼保一体化と「こども園」への展望』（2012 年、岩波ブックレット No.840）

西岡信雄『よくわかる楽器のしくみ』（2009 年、ナツメ社）

無藤隆（監修）『幼稚園教育要領ハンドブック　2017 年告示版』（2017 年、学研教育みらい）

無藤隆（他）　『3 法令ガイドブック——新しい『幼稚園教育要領』『保育所保育指針』『幼保連会型認定こども園教育・保育要領』のために』（2017 年、フレーベル館）

渡辺行野『音楽を愛する子どもを育てる——音楽授業における活動アイディア集（DVD）』（2013 年、JLC ジャパンライム）

（50 音順）

●著者紹介

久保田慶一（くぼた・けいいち）

　東京藝術大学音楽学部、同大学大学院修士課程を修了。芸術学修士（1981年東京藝術大学大学院）、音楽学博士（1999年東京藝術大学大学院）、カウンセリング修士（2006年筑波大学大学院）、経営学修士（2009年首都大学東京大学院）。ドイツ学術交流会の奨学生として、ドイツ連邦共和国のフライブルク大学、ハンブルク大学、ベルリン自由大学に留学。東京学芸大学教授を経て、現在、国立音楽大学副学長。

　著書に「C.P.E. バッハ──改訂と編曲」「バッハの四兄弟」（音楽之友社）、「バッハキーワード事典」（春秋社）、「エマヌエル・バッハ」(東京書籍)、「音楽とキャリア」「英語でステップアップ」（スタイルノート）、「モーツァルト家のキャリア教育」「音楽用語ものしり事典」（アルテスパブリッシング）、「西洋音楽史100エピソード」「音楽再発見100エピソード」（教育芸術社）、「2018年問題とこれからの音楽教育」「音大・美大卒業生のためのフリーランスの教科書」（ヤマハミュージックメディア）、「孤高のピアニスト──梶原完」（ショパン）、編著書に、「はじめての音楽史」（音楽之友社）、「キーワード150音楽通論」（アルテスパブリッシング）がある。また翻訳書には「楽譜を読むチカラ」（音楽之友社）、「記譜法の歴史──モンテヴェルディからベートーヴェンへ」（春秋社）、「レオポルト・モーツァルト──ヴァイオリン奏法」（全音楽譜出版社）、「ティーチング・アーティスト──音楽の世界に導く職業」（水曜社）、「音大生のキャリア戦略」（春秋社）などがある。

渡辺行野（わたなべ・ゆきの）

　東京学芸大学教育学部芸術課程（音楽科）卒業、同大学院教育学研究科修士課程（音楽教育）を修了。小・中・高校にて教鞭を執り、各発達段階における指導実績をもつ。東京学芸大学附属竹早中学校教諭を経て、現在、文京学院大学助教。

　雑誌「教育音楽」（音楽之友社）に2年間にわたり「連載　教えてゆきの先生！生徒の心ときめく鑑賞授業」を寄稿。JLC（ジャパンライム株式会社）音楽指導DVD「"おんがく"を愛する子どもを育てる！音楽授業における活動アイディア集〜身体と声を結びつける歌唱表現につなげる指導実践〜」「『生きる力』を育む鑑賞授業〜音楽の基礎能力と人間力を伸ばす授業づくり〜」を監修・制作。

めざせ！ 保育士・幼稚園教諭
―― 音楽力向上でキャリアアップ

発行日● 2019 年 1 月 23 日　第 1 刷

著　者●久保田慶一、渡辺行野
発行人●池田茂樹
発行所●株式会社スタイルノート
　　　　〒 185-0021
　　　　東京都国分寺市南町 2-17-9 ARTビル5F
　　　　電話 042-329-9288
　　　　E-Mail books@stylenote.co.jp
　　　　URL https://www.stylenote.co.jp/

装画・挿絵●いだりえ
　装　幀●Malpu Design（高橋奈々）
　印　刷●シナノ印刷株式会社
　製　本●シナノ印刷株式会社

© 2019 Keiichi Kubota, Yukino Watanabe　Printed in Japan
ISBN978-4-7998-0171-0　C1037

定価はカバーに記載しています。
乱丁・落丁の場合はお取り替えいたします。当社までご連絡ください。
本書の内容に関する電話でのお問い合わせには一切お答えできません。メールあるいは郵便でお問い合わせください。なお、返信
等を致しかねる場合もありますのであらかじめご承知置きください。
本書は著作権上の保護を受けており、本書の全部または一部のコピー、スキャン、デジタル化等の無断複製や二次使用は著作権法
上での例外を除き禁じられています。また、購入者以外の代行業者等、第三者による本書のスキャンやデジタル化は、たとえ個人
や家庭内での利用であっても著作権法上認められておりません。